シリーズ「遺跡を学ぶ」087

北陸の縄文世界

御経塚遺跡

布尾和史

新泉社

北陸の縄文世界
―御経塚遺跡―
布尾和史

【目次】

装　幀　新谷雅宣
本文図版　松澤利絵

第1章　北陸の地で縄文を追う

1　御経塚遺跡の発見

少年が田んぼの水路で石斧をみつける

春を迎えると、家々では田植えの準備がはじまる。人びとは雪の消えた田んぼで、荒起こしや畦つくりをはじめる。まだ水を流していない水路では村人たちの江掘《えぼ》り作業もすんで、後は水の引き入れを待つばかりである。

その水路を、熱心にのぞきこむ一人の少年がいた。

少年は押野《おしの》中学校の生徒で、先生から近くの八日市新保《ようかいちしんぼ》集落で発掘された土器や石斧《せきふ》の話を聞き、昔の人びとのことに興味を抱いていた。ある日、農作業の手伝いを終えて家に帰る道すがら用水をみると、細長い石があった。

用水の壁にくい込んでいる灰色をした石を用心深くとり出した。平べったい斧のような形をしたその石は、授業で教わった石斧にそっくりだ。数日かけて周辺をさがすと、水路の上流で矢じりや土器のカケラを拾うことができた。

少年の名前は市村正則《まさのり》。一九五四年三月のことであった。彼が石斧を拾った水路は、押野村御経塚《おきょうづか》集落（当時）の北東にひろがる水田にあった。その場所が、後に「御経塚遺跡」とよばれることになるのである。

高堀勝喜氏と石川考古学研究会

「こんなもん、みっけた」

少年は家に帰り、手にした石斧と土器片を父親にみせた。

少年の父、市村正規《まさき》氏は押野村の教育委員をしており、その前年には金沢市古府《こぶ》町の遺跡発掘に参加するなど考古学に興味をもっていた。おそらく市村氏は知り合いの石川考古学研究会幹事に連絡をとったものと思われる。

かくして御経塚集落の近くで石斧がみつかったことは、石川考古学研究会へ、そして会の幹事を務めていた高堀勝喜《たかほりかつき》氏の耳に入ることになった。御経塚遺跡の考古学的な発掘調査のはじまりは、この高堀氏と石川考古学研究会の活動を抜きにして語ることはできない。

図１ ●御経塚遺跡第１次調査のようす
御経塚集落近くの水田でトレンチ発掘をしているところ。
右奥に地名の由来となった経塚に立つ一本杉がみえる。

高堀勝喜氏は一九一三年（大正二）生まれで、当時四一歳。一九三四年に教職につき、金沢市内の学校で歴史を教えていた。一九四五年の敗戦で国史教育の崩壊を体験、そのショックから立ち直ろうと、戦後間もない一九四七年ごろから本格的に考古学を学びはじめたという。

おりしも一九四八年四月には考古学研究者の全国組織「日本考古学協会」が設立されており、高堀氏も同年一〇月、石川県内の研究仲間とともに石川考古学研究会（初代会長鏑木《かぶらぎ》勢岐《せいき》）を創設した。地域の考古学研究会としては、全国的に早い段階のものである。発会式をかねた白山《はくさん》市の船岡山《ふなおかやま》遺跡の記念発掘では、県内ではじめて縄文時代の炉跡《ろあと》を調査し、研究会のスタートを飾っている。

その後の石川考古学研究会の活動をみると、一九四九年には船岡山遺跡の第二回調査、五〇年には能登半島穴水《あなみず》町の新崎《にんざき》遺跡や白山市の尾添《おぞう》遺跡の確認、加賀市の柴山《しばやま》貝塚の試掘、五一年には能登町の新保《しんぼ》遺跡、加賀市の柴山貝塚の発掘など、矢継ぎ早に縄文時代中期から晩期の遺跡を調査している。金沢近郊では一九五二年に中屋《なかや》遺跡（縄文晩期）や北塚《きたづか》遺跡（縄文中期）、翌五三年には古府遺跡（縄文中期）の発掘をおこなうなど着実に成果を上げていった。

発足当初の石川考古学研究会は、会員一〇八名のうち師範学校・高等学校・中学校などの教

図2 ● 高堀勝喜氏
復元した御経塚遺跡出土の土器を検討している。

師が三六名、学生・生徒が四四名を占めていた。このことからも明らかなように、敗戦後の新しい科学的な歴史教育の実践の場として県内各地の縄文時代遺跡が発掘調査され、そうした気運が一九五四年の御経塚遺跡発見につながったのであろう。

山内清男氏と北陸地方における縄文土器の編年研究

一九五二・五三年、九学会連合による能登総合調査がおこなわれた。九学会とは日本人類学会、日本言語学会、日本考古学会、日本宗教学会、日本民族学協会、日本民俗学会、日本社会学会、日本心理学会、日本地理学会のことで、それぞれの立場から能登地方について研究する総合的な調査である。考古学関係は先史文化班と古墳文化班に編成され、先史班班長として縄文時代研究の第一人者である山内清男《やまのうちすがお》氏（当時東京大学講師）が来県した。

山内氏は一九三七年に全国的な縄文土器編年表を発表しており、以後も精力的に縄文土器型式編年網の整備を推進していた。そうしたなか石川・富山両県の縄文土器の調査をおこなうことになったのである。

高堀氏はその際に、富山県の湊晨《みなとしん》氏とともに山内氏の調査に参加して、縄文土器型式編年に関する指導をうけ、以後、北陸地方における編年研究を推進する役割を担うことになる。この総合調査の報告書である『能登—自然・文化・社会—』（一九五五年刊行）に掲載された縄文時代の「土器型式による編年表」は、山内氏の指導のもと高堀氏が作成したもので、石川・富山両県域にまたがる最初の縄文土器編年表であった。

その後一九五四年三月に高堀氏は、押野村教育委員会の援助をうけ、押野村の八日市新保遺跡（現、チカモリ遺跡）の発掘をおこなった。最初の調査では、約九六平方メートルを発掘し、収納箱にして一七箱の縄文土器や石器をえている。そして、そのつぎの発掘は御経塚地区でおこなうことが計画された。

高堀氏は、明治・大正期の御経塚地区の耕地整理事業で出土した土器や磨製《ませい》石斧が区長宅に保管されているのをすでに確認しており、水田耕作の際にも土器片や石鏃《せきぞく》が多数出土していることを耳にしていた。ただ残念なことに、御経塚地区のどの場所が遺跡なのかという見当がついていなかった。

そんな時に飛び込んできたのが、市村少年による打製《だせい》石斧の発見とその発見された場所の情報だったのである。

2　最初の発掘

扇状地上の遺跡

押野村御経塚地区は、現在の石川県野々市《ののいち》市にある（図3）。県のほぼ中央に位置し、一九七〇年代からの都市化によって、いまでは北東に隣接する県都金沢市のベッドタウンとなっているが、以前は、県下最大の河川である手取川《てどりがわ》がつくりだした広大な扇状地という立地を生かした農業の盛んな土地であった。

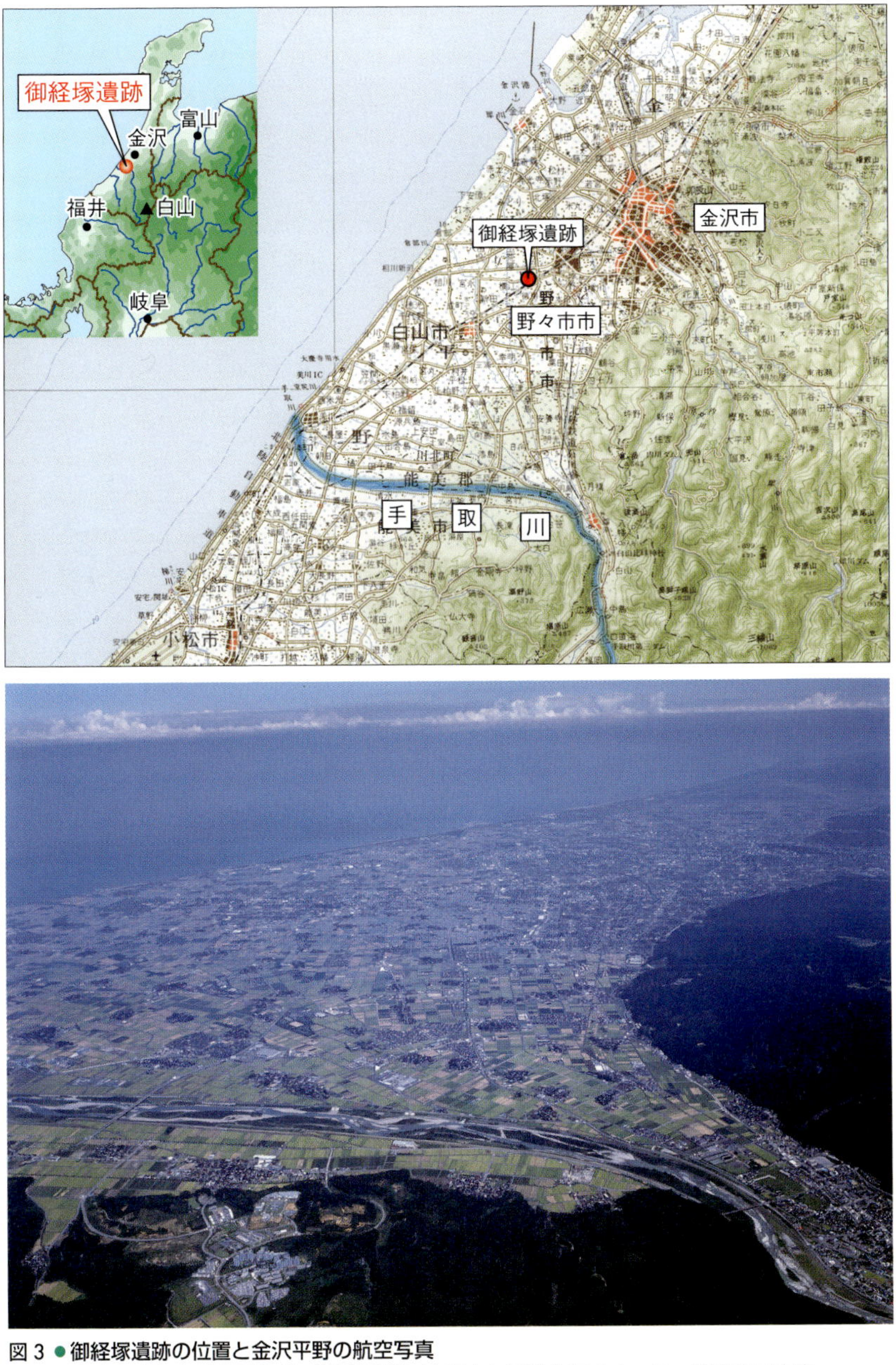

図３●御経塚遺跡の位置と金沢平野の航空写真
白山を水源とする手取川（写真手前）は広大な扇状地をつくった。奥には日本海がひろがる。縄文時代後・晩期、この扇状地が縄文人の生活の舞台となった。

御経塚遺跡の最初の発掘調査は、押野村史編集委員会と石川県五学会連合の共同事業として、一九五六年三月二六日から五日間の予定でおこなわれることになった。石川県五学会連合とは、県下の人文系研究団体である石川地理学会、加能民俗の会、北陸史学会、石川郷土史学会、石川考古学研究会が共通の課題で研究発表や討議をおこなうために設立されたもので、年一回の連合発表会を開催していた。

当時、押野村は野々市町と金沢市との合併が計画されており、高堀氏は解村を間近に控えた押野村について、「地方都市近郊農村の総合調査」という観点で共同調査を実施することを五学会連合にもちかけたのである。

土器や石器が続々と出土

第一次発掘調査のメンバーは、高堀氏を中心とする石川考古学研究会の会員と教師仲間、そして御経塚地区に住む中学生たちが主力であった。そのなかには後に石川考古学研究会の会長となる若き日の橋本澄夫《すみお》氏（当時、明治大学学生）の姿もあった。

調査区は、市村少年が打製石斧や土器片をみつけた場所のすぐ近くに一カ所（A区、三六平方メートル）、その北側に二カ所（B区、一五平方メートル。C区、七平方メートル）を設け、おのおの持ち場について地面を掘り下げていった。

全員での調査は雨のため二日間で終了せざるをえなかったが、縄文時代後期から晩期のものとみられる土器や石器が続々と出土した。調査中、歓声とどよめきが絶えることがなかったことは想像にかたくない。

A区では小石がまとまった「礫群《れきぐん》」がみつかり、注意が向けられた。高堀氏は竪穴《たてあな》建物跡の炉を発掘した経験があり、御経塚遺跡でも炉跡を検出することに備えていた。そのため自然石と思われるものでもすぐにはとりあげず、周辺の土を掘り下げ、その石のならび方に人為的な様子が認められるかどうかを確認しながら慎重に発掘作業を続けていた。

ところが、その配慮が思わぬ結果をもたらすこととなる。雨のやんだ五日後に、円形にならぶ礫群をあらためて精査すると、なかから「御物石器《ぎょぶつせっき》」が姿をあらわしたのである（図４）。

御物石器とは一風変わった名前の石器だが、その名前の由来には石川県の遺跡がかかわっている。そもそもは石川県能登半島の穴水町比良《びら》という地区で、法栄寺本堂改築の際に境内から出土した石を門徒が一対の鯉の

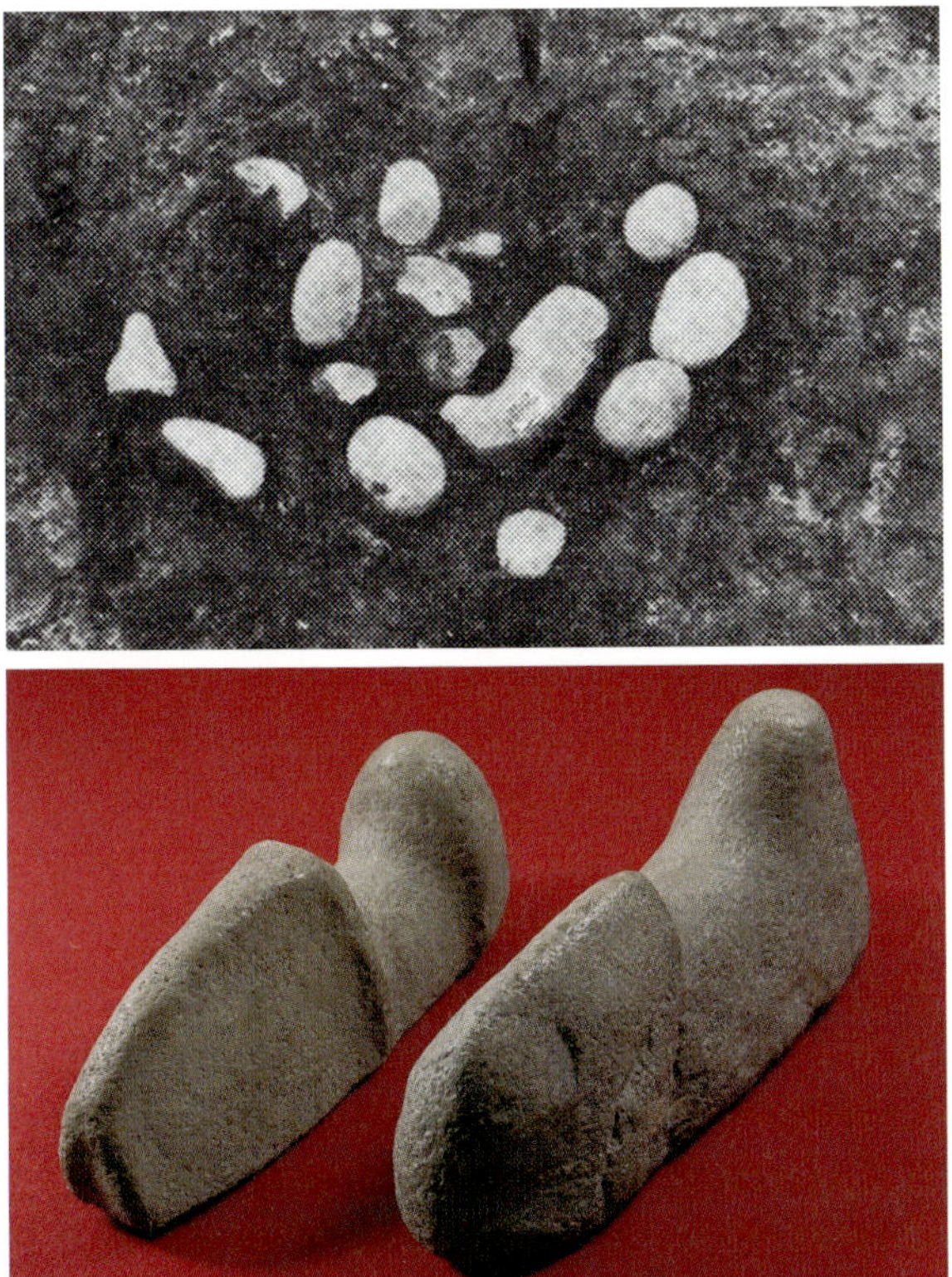

図４●御物石器
凹凸が組み合わさった形が陰陽をあらわし、祭祀に利用された遺物と考えられる。上は第１次調査時の出土状況。

置物として本願寺へ献上した。そしてその不思議な形をした石は、一八七七年（明治一〇）、本願寺から明治天皇に献上されて皇室の御物となり、その後帝室博物館に下賜されるにあたり、「御物石器」の名がついたとされる。

御経塚遺跡発掘の当時、御物石器はすでに知られていたが、表面採集品や出土地不明のものが多く、発掘調査でその出土状況を確認できたのは御経塚遺跡第一次調査がはじめてであった。これにより御物石器は、高堀氏が「（縄文）後期末から晩期とくに晩期前半にあることを、事実により確定したものとしてその意義はきわめて大きい」と述べるように、時間的な位置づけを確かにするとともに、人びとの御経塚遺跡への関心を高めることになった。

御経塚式の設定と晩期前半の編年

こうして最初の発掘は、近隣の八日市新保遺跡の出土資料の詳細な検討も加えて、『押野村史』（一九六四年刊）の「金沢市近郊八日市新保並びに御経塚遺跡の調査」にまとめられた。その成果としては、北陸における縄文晩期前葉前後の土器型式の設定とその編年をおこなったことが、まず第一にあげられる。

考古学が科学的な学問として成立するには、とり扱う資料が「いつ」に属するのかを知ること、つまり年代を決めることが必要不可欠である。しかし、縄文時代には文字がないので年代の明らかな資料はなく、遺物の観察を通して、どの遺物が新しいか古いかという新旧の序列を定めて年代を決めていく必要がある。その年代決定の基準となっているのが縄文土器型式の編年である。一般の読者にとって、「土器型式」の説明は煩雑でわかりづらいと思うが、御経塚遺跡の資料を考察するにも、そこから出土した縄文土器型式の設定と編年が不可欠であるということを理解いただいて話を進めたいと思う。

高堀氏は、まず、御経塚遺跡と八日市新保遺跡の土器を、精製《せいせい》・粗製《そせい》の別と器形《きけい》・文様から分類し、遺跡ごとの特徴の抽出をおこなった。八日市新保遺跡では、精製土器が三割、粗製土器が七割で、粗製土器には縄文を施文《せもん》した土器が多く、条《じょう》痕《こん》・無文《むもん》の土器がほぼ等量であることと、精製土器では「三《さん》叉状連結文《さじょうれんけつもん》」が特徴となることが示された。一方、御経塚遺跡では精製土器と粗製土器はおおむね半々で、縄文を施文した土器はごくわずかで、精製土器では「単純な三叉状文」が特徴的であることを確認した（図5）。そして、それぞれ「八日市新保式」「御経塚式」として土器型式を設定した。

つづいて、当時知られていた北陸の各遺跡や滋賀県の滋賀《しが》里《さと》遺跡、奈良県の橿原《かしはら》遺跡、愛知県の吉胡《よしご》貝塚などの後・晩期遺跡における土器群との比較からも両型式が成立可能であることを述べ、さらに沼田啓太郎《けいたろう》氏によって一九五六年に設定されていた中屋式との検討をおこない、当時、大洞《おおぼら》ＢＣ式に並行すると理解されていた中屋式との類縁性から、八日市

図５●「単純な三叉状文」
中央の三角形にみえる文様が三叉文（三辺が鈍角に交差している）。縄文晩期前葉の指標とされる。

新保式→御経塚式→中屋式の序列を定め、晩期前半の土器型式編年としたのである。

この編年については、後には八日市新保式が後期末に配されるなど、研究の進展にともなっていくらか訂正されることになるが、遺物の分類方法を明示し、遺跡間の比較や検討によって型式を導きだしていること、型式の類縁性からの序列化と系譜の推定といったその研究の手続きは、当時山内清男氏がとっていた方法論をよく学んでおり、今日でも評価すべき点が多い。事実、北陸地方の編年は、後期末の八日市新保式、晩期前葉の御経塚式、晩期中葉の中屋式として、現在でもその大枠と序列は崩れていないのである（第2章24ページ参照）。

縄文時代晩期の遺跡立地

八日市新保遺跡、中屋遺跡、そして御経塚遺跡というように、金沢平野の近接する地区で良好な晩期遺跡の資料をえたことで、高堀氏は遺跡立地についてもいくつかの所見を述べている。

各遺跡が立地するのは手取川の扇状地扇端部、標高一〇メートルラインの周辺であり、扇状地をくぐる地下水の自噴地帯にあたっている。このことから、当時の遺跡立地が自噴水の存在と密接であること、背後の扇状地に広がる林野が「採集生活において植物・動物質食料を供給する場」であったことも「縄文集落占地の一要因をなしていたと考えてよいであろう」と述べ、生活基盤について言及している。後年、四柳《よつやなぎ》嘉章《よしあき》氏が、低地での稲作導入を反映した遺跡分布ではないかという見解を提出しているが、遺跡立地についての説明としては高堀説を否定するには至っておらず、卓見というべきであろう。

このように『押野村史』に収録された高堀論文には、土器型式の設定と編年、遺跡立地の言及など、石川県における縄文時代晩期研究の出発点ともいえる多彩かつ重要な指摘が多くあった。そして、その一翼を御経塚遺跡の発掘調査が担ったのである。

3　開発と保存にゆれるなかで

大規模開発のはじまりと遺跡の保護

一九六〇年代以降、日本列島では大規模な国土開発がはじまり、地中に眠る遺跡にとっては受難の時代の幕開けとなった。開発の進展とともに工事による遺跡の破壊が問題化し、発掘調査の件数は増加した。一九六三年には、土木工事などによる発掘調査が学術目的の発掘調査件数を追い抜き、その後は右肩上がりで増加していった。石川県でも一九六〇年代後半に入ると、その波を被るようになった。

先にみたような石川考古学研究会が中心となっておこなっていた一九五〇年代後半の発掘は、研究者や学生・生徒が手弁当で集まっておこなう小規模な調査である。それは事前に立てた調査目的にもとづいておこなわれ、後の資料の検討や報告まで含めた計画的なものであった。

石川考古学研究会は一九六三年に、当時、考古学分野の専門職員のいなかった石川県教育委員会からの依頼による『石川県遺跡地名表』の作成をおこない、一九六〇年代後半に入ると白山市の三浦《みうら》遺跡の範囲確認調査、野々市市の末松廃寺《すえまつはいじ》や加賀市の法皇山横穴古墳《ほうおうざんよこあなこふん》での国史跡指定へむけての内容確認調査に協力するなど、遺跡の保護活動を推進していた。

そこへふってわいたのが、北陸自動車道や国道八号、金沢港建設などの大規模開発計画に対して、遺跡をどのように保護していくかという問題であった。

幸いなことに『石川県遺跡地名表』により、主要な遺跡のいくつかは工事を計画する段階で避けることが可能となったが、それでも路線内や土とり予定地には多くの遺跡が存在していた。石川考古学研究会は、県からの依頼で北陸自動車道関連遺跡調査団を結成し、一九六九年から七三年まで事前の緊急発掘調査にあたることになる。

計画変更のきかない土木工事などについては工事前に発掘調査をおこないつつ、遺跡によっては現状保存を開発側に要望した。また文化財保護の体制が整っていなかった石川県教育委員会に対しては、専門職員の配置や文化室、文化財保護課の設置を強く要請した。

後に高堀氏は、「われわれがやらないと遺跡はこわされ消滅してしまう。これはたいへんなことであるという気持ちと、このままでは県のプロジェクト工事が大きな支障を受けるということで協力をはじめた」と述懐している。「遺跡は重要なものであり、保存されるのが原則である」ことを前提としつつも、地域社会の発展のためには開発による遺跡の発掘調査もやむをえないとした。この点については後に、遺跡の保護という観点から開発行政寄りではないかと批判されたが、高堀氏と石川考古学研究会は激動する現代社会のなかで、文化財保護法にもとづく遺跡の保護をいかに進めていくべきかという難問に、文字通り体当たりで立ち向かったのである。御経塚遺跡の二度目の調査は、まさにその渦中でおこなわれることとなった。

再びの発掘

一九五六年の第一次調査の後、静かな時をすごしていた御経塚遺跡は、一九六八年に否応なく目覚めをむかえることになる。国道八号金沢バイパス陸橋関連の工事中に、御経塚地区で遺物が発見されたのである

工事はすでに道路の盛土工事がかなり進んでいて、側溝工事をおこなっている段階であった。野々市町教育委員会（当時）は工事をいったん中断することを求め、後の対応について県教育委員会をまじえ協議に入った。

今後の方針を決めるためには、遺跡の範囲を確認し、工事による影響を把握することが急務であった。路線側溝に沿っての発掘調査と周辺の試掘による遺跡の範囲確認調査を実施し、その結果を踏まえて遺跡の保存計画案を教育委員会が示して、問題がなければ工事を再開することなどが話し合われた。そして、発掘調査の担

御経塚遺跡調査ニュース

第3号

御経塚遺跡調査員
昭和四十三年十月三十日
発行

OKYOZUKA NEWS NO 3 68.10.

◎発掘を終えて

御経塚遺跡調査は二十四日をもって一応終了する事になりました。この遺跡の調査を地元の方々と一緒に行い、ここに無事に終了することになりましたのは種々の点で非常に有意義な事でした。

例えて、岡山県の「月の輪古墳」の調査では学生達だけではなく、多くの方々が加わって人々は約一千五百年前の歴史を身近かに感じたのでした。

岡山の小学生・中学生や地元の人達はこの調査の感想を詩や作文でつづって「月の輪教室」という本を自分達の手で出しました。

それには祖先の生活を知りたいという願いと、遺跡は自分達の財産であり、それを愛しあたたかく見守って行こうという気持が強く語られていました。このように月の輪の人々は古代の人々と遺跡を通して交流をかわしたのです。

今も月の輪古墳とは大きな古墳は下の人々の生活を静かに見守るように存在しています。

又、古代の遺跡は学問的に重要であると同時に祖先の残した遺産であり、国民全体の財産です。ですから、これを愛し郷土の手で永く保存してゆきたいものです。

この点からも地元の人達が積極的になって下さり、又、いろいろと協力して下さっていただいたことはとても意義あることだと思います。

さて、御経塚遺跡はニュース第二号でも述べたように約三千年前の縄文時代の終りごろ（晩期）の重要な遺跡ですが、今度の調査により数々の成果があがりました。

特に今度の調査した部分（バイパスの東側）は縄文時代の生活の跡であるとともに、一種の墓地であったという事が解りました。

これは北陸地方では数少ない発見例の一つということが出来ます。

又、種々の文様の施された土器や六〇個以上にものぼる石斧、それに石剣、石棒、石鏃、皿

石鏃等々、種々の石製品が豊富に出土しました。

又、特殊なものとして異形の石器や珍しい石冠等も発見されました。

御経塚遺跡は三千年以前のものとしては、全国でもまれにみる大きな遺跡であり、いろいろと重要な問題を含んだ貴重な文化財です。

その重要性を今回の調査を通して是非とも、地元の皆さんに知っていただきたいと思います。

◎遺跡の保存を！

現在全国的に古代の遺跡が「開発」に共なって破壊されています。

こういった問題が起るのは遺跡が祖先の残したものであり、学問的に重要なものである事があまり、人々にその知られていないからだと思います。

その重要性を知り人々によって保存されている土地では、遺跡は公園となったり、緑地となって、破壊から守られ、長く保存されています。県内の末松廃寺や法王山状古墳群、千葉県の縄文時代の加曽利遺跡など多くの遺跡がそのよい例だと思います。

ここ御経塚遺跡も道路の新設や宅地化などで壊される恐れもないとは言えません。いつ、そういう場合にはいろいろと難しいこともあるでしょうが、道路をさけるようにしたり、緑地化する計画を今から考えておきたいものです。

御経塚遺跡は私達のものであり、国民全体のものです。是非ともこの遺跡を愛し、永く保存されるよう見守っていって下さい。

◎お願い

一、好奇心から遺跡を掘るのはやめましょう。

一、耕作などで土器やその他の遺物が発見されたらすみやかに町の教育委員会に届けて下さい。

遺物は個人ではなく国民全体の財産とされています。

図６●「御経塚遺跡調査ニュース」
発掘調査の成果や調査団員の遺跡への思いが記されている。
調査団員が発掘を終えた日没後につくった。

当として高堀氏に白羽の矢が立ち、県と町の教育委員会からの依頼により、再び御経塚遺跡の調査を担当することになったのである。

この第二次調査は同年一〇月に実施された。町教委を主体として調査団は、高堀氏をはじめとする石川考古学研究会会員や、当時早稲田大学学生であった谷内尾晋司《やちおしんじ》氏（現、石川考古学研究会会長）と早大考古学研究会に所属する学生、そして地元住民などから結成されている。

第二次調査は七日間という短い期間ではあったが、学生たちは発掘作業を終えて日が落ちてから「御経塚遺跡調査ニュース」（図6）をつくり地元へ配布することで、御経塚遺跡の重要性や遺跡保存の必要性を訴えた。「丹精してつくっている水田を掘り起し、遺跡発掘などというこをしている」と調査に懐疑的な住民もいるなかで、地域住民にこそ遺跡に対する理解を深めてほしいという彼らの姿勢は、市民参加による遺跡保護を北陸において目指したものとして記憶にとどめるべきであろう。

こうして、道路沿い約四〇平方メートルの調査と周辺での試掘調査を通して、御経塚遺跡が中央に低地をはさんだ直径二〇〇メートルの円形に近い集落遺跡であることが推定された。

当時は、平野に立地する縄文後・晩期の大規模集落遺跡の確認例はまれであったことや、周辺での市街地化が急速に進行していることもあって、遺跡を史跡に指定して保護していくことの必要性が強く認識された。

高堀氏は石川県と野々市町の両教育委員会、地元御経塚の住民有志の間で会合をもち、その後も緊密な連絡をとりつづけ、御経塚遺跡保護の同意をとりつけたのである。

地元と石川考古学研究会と行政の協力

　御経塚遺跡ではその後、開発にともなう発掘と、保存のための発掘が徐々に進められることとなる。一九七二年の第三・四次発掘、一九七三・七四年の御経塚B発掘、一九七五年の第八次発掘は、国道八号やとりつけ道路、県営住宅建設などの工事にともなう発掘調査で県教委が担当した。一九七三〜七七年の第五〜七・九〜一〇次は、保存区域確認と整備計画の策定のために国庫補助を受けて町教委がおこなった。

　これらの多くの調査は高堀氏が主任となり、石川考古学研究会の会員も調査員として活躍した。第五次からは、その後も石川県の縄文時代研究をリードする西野秀和《ひでかず》氏が調査担当者となり、当時県内では竪穴建物跡を検出することが主眼であった遺構の調査を、柱穴《はしらあな》や土坑《どこう》まで検出する方式にあらため、多くの成果を残している。

　この第五〜七次調査は約四〇〇〇平方メートル

図７ ●第７次調査風景
手前で調査している大形の穴が、後の再検討により建物の柱穴と判明した。

を調査し、竪穴建物跡や多数の柱穴、土坑などがみつかり、部分的ながらも縄文集落の姿が面的に明らかにされた。その調査中、西野氏も「御経塚ニュース」(No.1〜No.5)を刊行し、その成果をつねに地元に広報するよう努めた。

イナムシになろう

同時に、野々市町教育委員会事務局も積極的に動きだした。遺跡調査のバックアップはもとより、史跡指定へ向けて幾度も地元向けの説明会を開催し、また御経塚地区の家々を訪問して理解を求めるなど地道な行動をつづけていた。

町事務局は、一九七〇年に、国指定史跡「末松廃寺跡」の整備を体験しており、こうした史跡保護が地元の理解なくしては立ちゆかないことを十分認識していたのである。

そして、地元では一九七五年に「御経塚遺跡保存会」が結成された。この会は遺跡の国史跡指定と史跡公園整備の推進に協力することを目的に、御経塚地区の五〇戸の人びとによって結成されたもので、会長には遺跡発見時から協力をつづけている市村正規氏が就任した。

市村氏は、自らの所有する耕作条件の良い水田を手放して、代わりに御経塚遺跡のひろがる水田を購入して遺跡の保存に努力した。そして、ほかの地権者とともに安価なまま史跡公園の

図8●市村正規氏
御経塚遺跡保存会を立ち上げ、その保存と整備に尽力した。整備後の見学者への説明では、自らの戦争体験もまじえ、縄文人について解説した。

ために土地を提供するなど、地元が一体となって協力したのである。

「イナムシになろう」

これは、そのころ市村氏が、町職員高本実氏と高堀勝喜氏の手をとって語った言葉である。米につく小さな虫イナムシは、注意してみないとわからないし、きらわれることが多い。市村氏は、今はイナムシのようにきらわれてもしかたがない。自分たちは表に出ず、目立たないところで動いて、もくもくとがんばろうというつもりだったのであろう。地元と研究会と町行政が協力して遺跡保存の目標に向かう活動は、それぞれの立場での献身的な努力によって支えられていたのである。

図９●史跡整備される御経塚遺跡
当時は市街地化がさほど進んでおらず、周囲には水田がひろがっていた。右端の道路が国道８号金沢バイパスで、その工事が大規模発掘と遺跡保存のきっかけとなった。

第2章　御経塚遺跡にのこされたもの

1　豊富な出土土器

御経塚遺跡の発掘箇所

御経塚遺跡は第一次から第二八次調査まで、約二万一六〇〇平方メートルの発掘調査がおこなわれた。発掘箇所は大きく分けて、南西から北東に流れる旧河川を中心に、その北西に位置するブナラシ地区、東側に位置するツカダ地区、そして南に位置するデト地区である（図10）。そのなかで面的に調査され、縄文時代の竪穴建物などの遺構や遺物が豊富に出土したのはブナラシ地区である。なお、ブナラシ、ツカダ、デトという名称は、小字名や地元でよばれている田んぼの名前である。

竪穴建物などの遺構をはじめとする御経塚遺跡の集落については、次章以降に詳述することにして、本章では遺物を中心に紹介していこう。

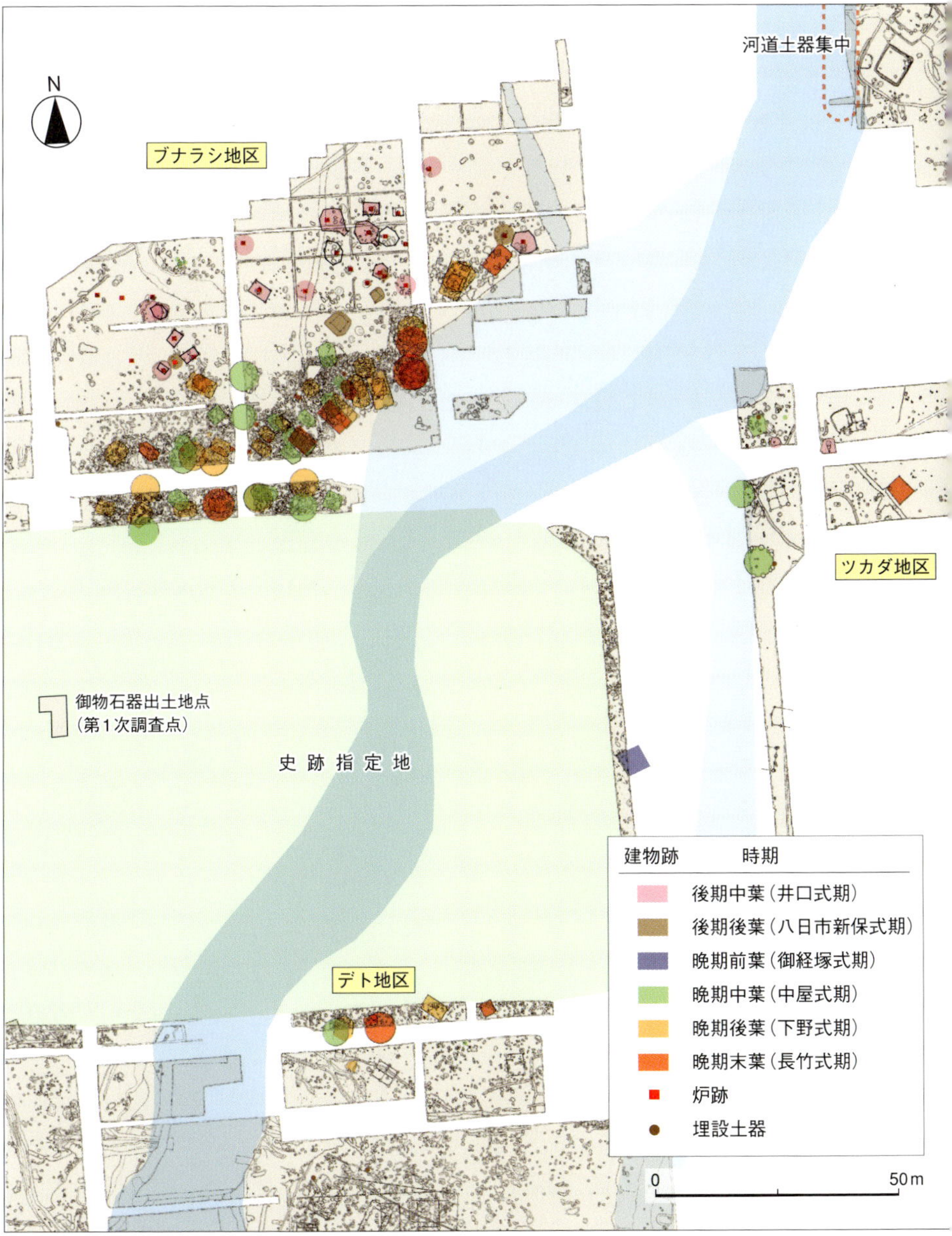

図10 ● 御経塚遺跡の発掘調査箇所と縄文後・晩期のおもな遺構
おもに発掘されたのは史跡指定地北側のブナラシ地区。
建物跡が多数みつかっている。土器の出土量も多い。

後・晩期土器の編年

御経塚遺跡からは、縄文時代の後期中葉からはじまって晩期末にいたるまで、北陸における各時期の土器が多量に出土した。深鉢《ふかばち》形土器（以下、「形土器」を略す）や鉢、浅鉢《あさばち》、注口《ちゅうこう》土器など器種がそろい、施文される文様とその変化も系統立てて追えるものが多いことから、時期によっては他地域の影響を受けながらも、北陸でつくられつづけたことを示す、地域を代表する資料である。

北陸における縄文土器の編年作業は、高堀勝喜氏や小島俊彰《としあき》氏をはじめとして多くの先学による業績があり、今日まで資料の検討がつづいている。それをもとに御経塚遺跡から出土した縄文土器を編年すると、つぎのようになる。

後期中葉　　酒見《さかみ》式（井口《いのくち》Ⅰ式）
　後葉前半　井口式（井口Ⅱ式）
　後葉後半　八日市新保式
晩期前葉　　御経塚式
　中葉　　　中屋式
　後葉　　　下野《しもの》式
　末葉　　　長竹《ながたけ》式

以下、それぞれの土器型式の特徴をみていこう。

図 11 ● **後期中葉の酒見式（井口 I 式）土器**
在地系（北陸系）の土器と、東日本系、西日本系の土器がある。
上：在地系の土器。胴部に縦の縄文が施されているのが特徴。
下：口縁部の貼付文は西日本系で、胴部には東日本系の羽状縄文が施されている。

縄文時代後期の土器

後期中葉の酒見式（井口Ⅰ式）土器（図11） 石川県羽咋《はくい》郡志賀《しか》町の酒見新堂《さかみしんどう》遺跡から出土した土器を標識とするもので、御経塚遺跡のはじまる時期にあたる。後期前葉の気屋《きや》式の系譜を引く在地系（北陸系）の土器と、東日本系、西日本系の土器などから構成される。

在地系の土器は口縁部《こうえんぶ》が平縁《ひらぶち》の深鉢が多く、胴部に縦方向の縄文が施されているのが特徴的である。東日本系の土器は、波状《はじょう》口縁の深鉢や鉢、注口土器に対して、羽状《うじょう》縄文と磨消《すりけし》縄文が合わさり施文されており、関東・中部地方に分布する加曽利《かそり》B式土器と併行する。西日本系の土器は深鉢、鉢、注口土器などがあって、連弧文《れんこもん》や磨消縄文がみられるのが特徴で、近畿から中国・四国地方に分布する元住吉山《もとすみよしやま》Ⅰ式土器に併行する。

後期後葉前半の井口式（井口Ⅱ式）土器（図12） 富山県南砺《なんと》市の井口遺跡から出土した土器を標識とする。西日本の元住吉山Ⅱ式やそれに後続する宮瀧《みやたき》式土器との類似性が強い。縄文を施文した東日本系の土器は少なくなり、浅鉢で口縁部文様帯に縄文を用いるものが残る程度となる。器種は波状と平縁の深鉢や鉢、浅鉢、注口土器がみられる。口縁部や胴部のなかほどに文様帯があり、深鉢では沈線文《ちんせんもん》や隆帯上刻目文《りゅうたいじょうきざみめもん》、巻き貝を用いた殻頂部刺突文《かくちょうぶしとつもん》、扇状圧痕文《せんじょうあっこんもん》が目立つ。浅鉢には弧線文《こせんもん》が施文される一群もみられる。

後期後葉後半の八日市新保式土器（図13） 前述したように、金沢市の八日市新保遺跡（現、チカモリ遺跡）から出土した土器を標識とし、三叉文が連結してH字を呈する連結三叉文を主体とする北陸色の強い文様が出現する。深鉢や鉢、浅鉢、台付鉢、注口土器などがあり、器形や

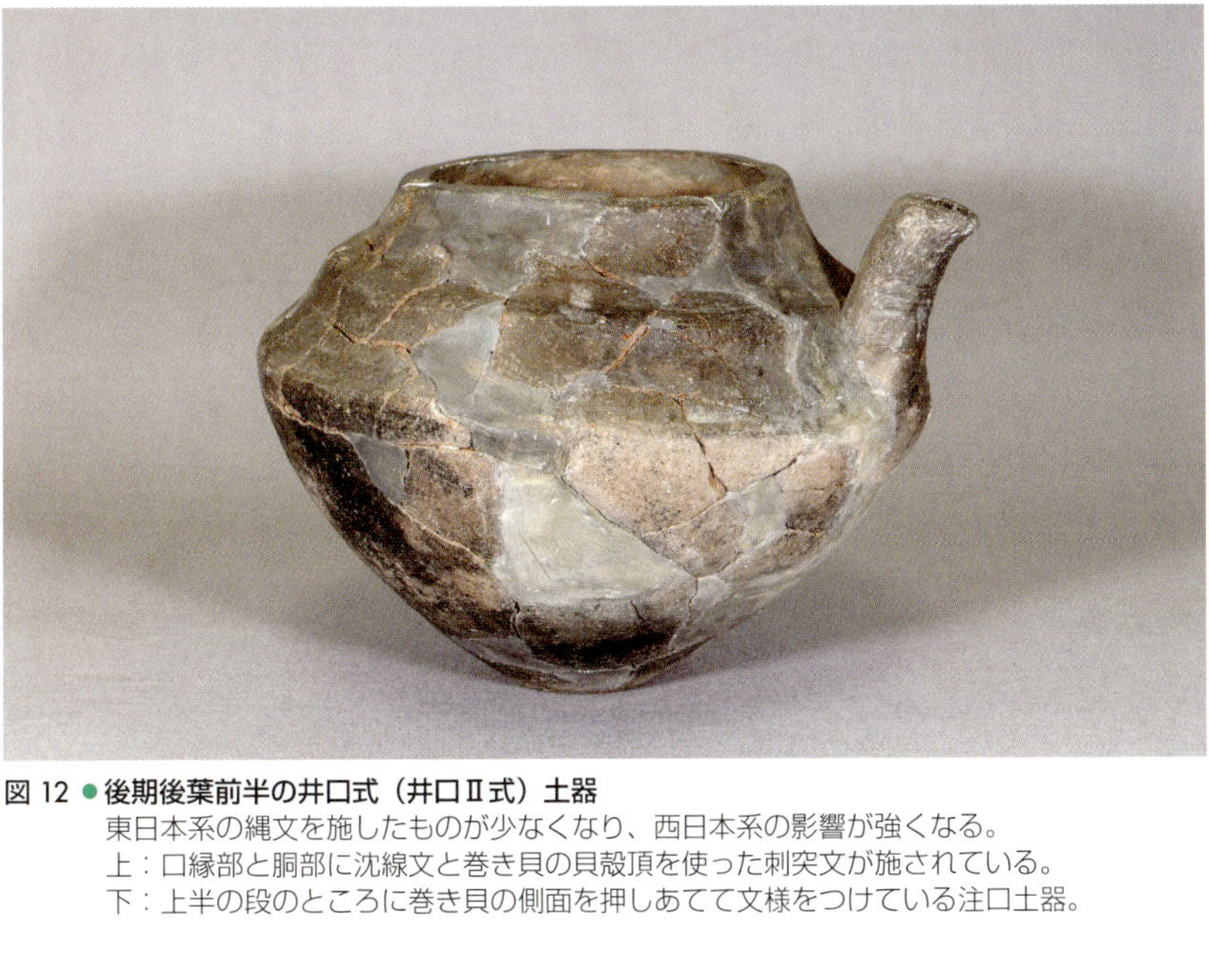

図 12 ● 後期後葉前半の井口式（井口Ⅱ式）土器
東日本系の縄文を施したものが少なくなり、西日本系の影響が強くなる。
上：口縁部と胴部に沈線文と巻き貝の貝殻頂を使った刺突文が施されている。
下：上半の段のところに巻き貝の側面を押しあてて文様をつけている注口土器。

図 13 ●**後期後葉後半の八日市新保式土器**
連結三叉文など北陸色の強い文様が出現する時期。
上：波頂部に「山」字状三叉文、胴部に連結三叉文が施されている深鉢。
下：波頂部に「一」字状文、胴部に縦位の単位文と横位の沈線文が施されている浅鉢。

文様帯の構成は井口式の系譜を引くが、井口式が西日本からの影響を強く受けているのに対して、八日市新保式は北陸の地域色が強まる土器群である。

文様や施文方法により1式と2式があり、それぞれを細分し四細分となる。波頂部《はちょうぶ》とその直下の文様に時間的な変化をよみとることができ、横位の沈線文を縦に切る短沈線文があるものや、「X」字文などの単位文が配されて、その左右に横位沈線文が伸びるものが1式で、その上の波頂部内には「一」字状文や連結三叉文が施文されるものもある。2式では「山」字状三叉文や棘《とげ》状の三叉文が施文され、横位沈線文内でも菱形《ひしがた》や棘状の抉《えぐ》りがつき、連結三叉文となるものが特徴的となる。

三叉文といえば、三つの辺が鈍角で斜めに交差する例が多いが、八日市新保式の三叉文は、二辺に一辺が直角的に交差するものが多いのが特徴である。また連結三叉文から変化して出現したとみられる出現期の玉抱《たまだき》三叉文は、次期以降の三叉文の特徴である斜めに交差する三叉文となるが、これを八日市新保2式の後半に含める説と、晩期の御経塚式に含める説がある。

縄文時代晩期の土器

晩期前葉の御経塚式（御経塚Ⅲ式）土器（図14）　御経塚遺跡から出土した後期後葉から晩期前葉の土器をⅠからⅢ式に分けたうちの、晩期前葉の「御経塚Ⅲ式」とされた土器群を標識とする。器種・器形ともに在地色の強い八日市新保式の系列下にあるとみてよく、東北日本の大洞Bから BC式の前半段階に併行する。

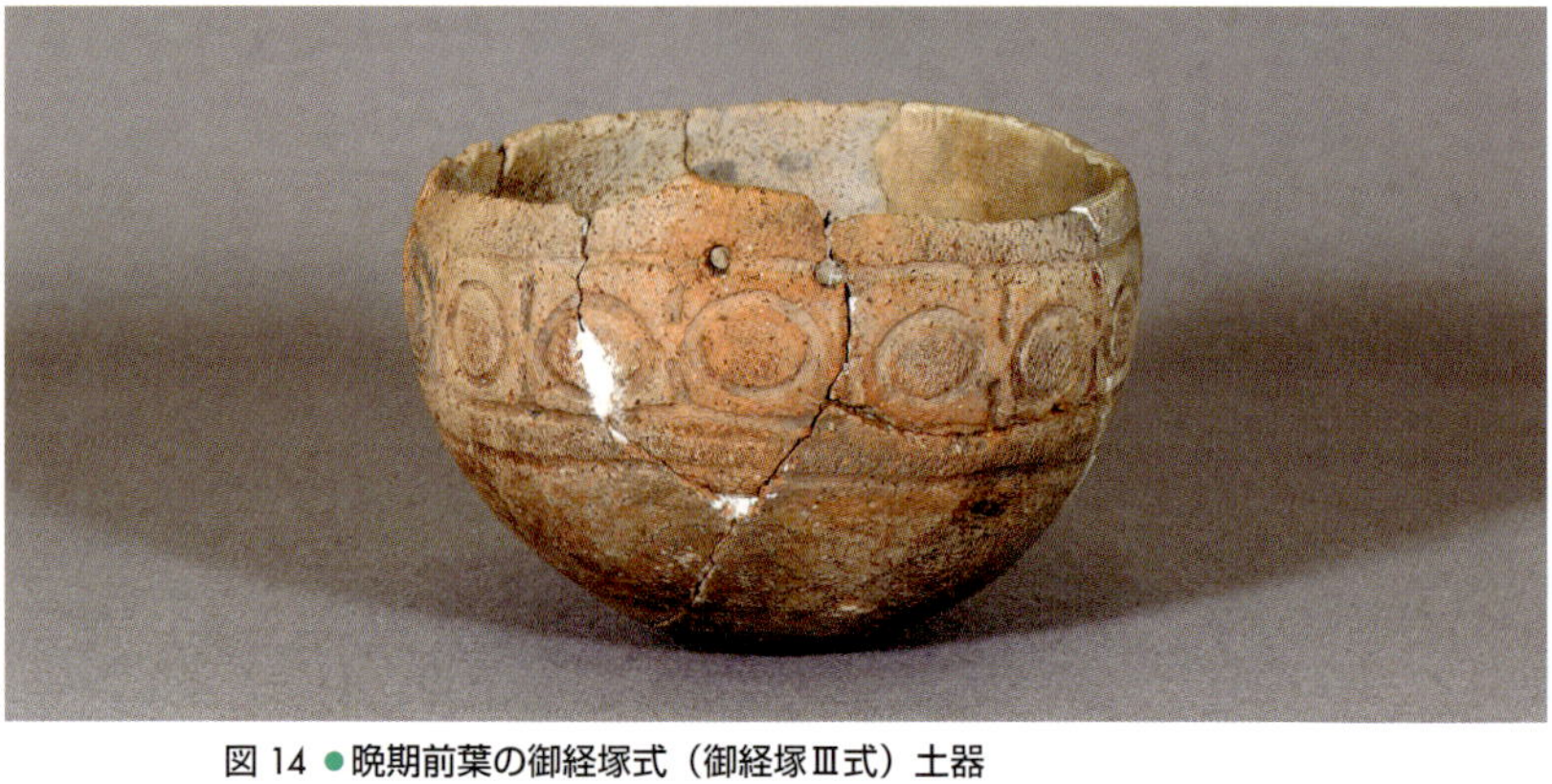

図 14 ●晩期前葉の御経塚式（御経塚Ⅲ式）土器
玉抱三叉文を施すのが晩期前葉の特徴。
上：深鉢は口縁部の屈折がゆるやかになり、細身のものが多くなる。
下：「山」字状三叉文を区画文に変化させ、内部に玉状の沈線文を入れた例。

深鉢には細身のものと次期の中屋式の祖形となる口縁部が「く」字状に屈折するものが出現する。口縁部文様帯内の文様の変化や器形の特徴により細分され、波状口縁深鉢では波頂部が低くゆるくなり、口縁の波状部分に沿って沈線文がめぐることや、口縁内面にも沈線文があるものがみられること、胴部文様帯では三叉文と弧線文を組み合わせた文様などが御経塚式の指標となる。また、この時期の三叉文には八日市新保式の直行する三叉文が残存するものの、斜めに交わるものや抉られるものなどが特徴として指摘でき、当期の指標となる。

晩期中葉の中屋式土器（図15）　金沢市の中屋遺跡から出土した土器を標識とし、口縁部が「く」字状に屈折した平縁の深鉢と鉢が主となり、ほかに浅鉢と蓋がある。文様帯は胴部上半にあるものがほとんどで、入組三叉文やそれらが変化した鍵状文《かぎじょうもん》などの文様が指標となる。中屋式の古手《ふるて》のもののなかには、東北地方の大洞ＢＣ式に近似した深鉢がともなうとみられており、この土器の影響を受けたものには、口縁部文様帯を有するものもある。

晩期後葉の下野式土器（図16）　白山市の下野遺跡から出土した土器を標識とし、器種・器形・文様帯ともに中屋式の系列にあるものが主であるが、中形の壺器形などもみられるようになる。深鉢の文様では胴部文様帯の鍵状文などが変化した縦位の蛇行沈線文や、横位列点文《れってんもん》が変化した粗い列点文などが指標となる。加えて、口縁部上下で沈線や刺突列を横帯させる西日本の突《とっ》帯文《たいもん》系の影響を受けた土器がみられるようになる。地文に縄文を使用することがまれになり、縦位もしくは横位の条痕が多くなる。深鉢は西日本の影響を受けて文様が単純化されるが、鉢と浅鉢は東北日本の影響を色濃く残している。

図 15 ●晩期中葉の中屋式土器

入組三叉文や鍵状文などの文様が特徴。

上：口縁部が平縁で「く」字状に屈折し、胴部の中ほどに帯状に入組三叉文を施した深鉢。

下左：上の深鉢に文様帯の構成が似ている浅鉢。

下右：中屋式には蓋がともなう。鉢とともに、赤彩されるものがよくみられる。

図 16 ● 晩期後葉の下野式土器

深鉢は西日本の影響を受けて模様が単純化し、鉢は東北日本の影響を色濃く残す。
上：胴部の文様がくずれて蛇行する沈線に変化する。
下：蛇行沈線文とともに縄文が使用されている。

図 17 ● **晩期末葉の長竹式土器**
西日本の突帯文系土器群との関連が強くなり、大形の壺が出現する。
上：口縁部がすぼまる大形の土器。籾の圧痕が確認されている（右下）。
下：鉢には東日本に多い浮線文の特徴がみられるものがふえる。

縄文時代晩期末葉の長竹式土器（図17）　白山市の長竹遺跡から出土した土器を標識とする。西日本の突帯文系土器群との関連が強くなり、深鉢は口縁部が直立気味に開くものと内側に倒れるものが主体を占め、大形の壺もみられるようになる。鉢と浅鉢は工字文《こうじもん》、浮線文《ふせんもん》が施文される東日本系の土器が主体である。コップ形の土器は長竹式に特徴的な器種で、器面には綾杉状《あやすぎ》の沈線文や三角形など多様な文様が施文される。

北陸の編年では、この型式の後に弥生時代前期の柴山出村式《しばやまでむら》がつづく。御経塚遺跡では少ないながらも柴山出村式土器が出土し、御経塚遺跡がこの時期に終焉を迎えたことがうかがえる。

土器の底についた編物圧痕からみえてくるもの

土器の底には、つくるときに回転を容易にするために敷いたとみられるさまざまな編物の圧痕がついている（図18）。それを調べることは、土器製作のみならず、資料が残ることの少ない植物を用いた道具を復元することにもつながり、縄文人の手工芸の多様さを知る手がかりとなる。

御経塚遺跡から出土した土器には、この編物の圧痕がつく資料が多い。川端敦子《あつこ》氏はこれらの圧痕を詳細に検討し、網代《あじろ》、スダレ状、木葉、カゴ底、編布《あんぎん》の圧痕が多数あることを指摘した。渡

図 18 ● 土器の底についた編物圧痕
その分析は縄文時代の布や衣の解明につながる。

辺誠氏も当時九州地方で事例の多かった編布圧痕や、土器圧痕としてはめずらしかったカゴ底の圧痕が北陸でもまとまって分布することが判明した事例として注目している。

尾関清子《おぜききよこ》氏は編布や圧痕のついた出土資料を観察し、縄文時代の編布が主として、一本の緯《よこ》糸《いと》を二本の経糸《たていと》で毎回からませる「基礎編布」であるなかで、御経塚遺跡の資料からは、二本の緯糸を一目おきに二本の経糸でからませて編み進む、「応用編布」の圧痕をみつけている。応用編布は新潟県十日町《とうかまち》・津南《つなん》地方に伝わる江戸から明治期の越後編布に特徴的なものとされており、時間的空間的に隔たりはあるものの、通常わたしたちが目にすることができない縄文時代の衣《ころも》をさぐるものとして注目される。

2　生業を語る石器

出土した石器の種類

御経塚遺跡から出土した石器は総点数一万一九六四点（石製品を除く）である。もっとも多いのが打製石斧の四九四三点で、石器全体の約四一・三パーセントを占める。それに次ぐのは磨石《すりいし》・凹石《くぼみいし》・敲石《たたきいし》類の三〇一六点（約二五・二パーセント）で、以下、石鏃一六一三点（約一三・五パーセント）、砥石《といし》六六二点（五・五パーセント）、石皿《いしざら》六四五点（約五・四パーセント）、磨製石斧四七一点（約三・九パーセント）、石錐《せきすい》三二八点（二・七パーセント）、擦切《すりきり》石器九四点（〇・八パーセント）、石錘《せきすい》八一点（約〇・七パーセント）、削器《さっき》六六点（〇・六パーセント）、石匙《いしさじ》二八点（〇・二パーセント）、円盤状石器一二点（〇・一パーセント）である。

このうち食料の調達や一次加工のために用いられた道具とみられるのは打製石斧、磨石・凹石・敲石類、石皿、石鏃、石錘で、全体の約八六パーセントを占める。打製石斧は石斧と名前がつけられているが、形態上の類似からつけられた名称であり、主として土掘り具として使用されたとみられる。磨石・凹石・敲石類は石皿とセットでクリやトチの実など植物質食料の加工に用いられ、石鏃は弓矢の矢じり、石錘は錘として漁撈などに使用されたものとみられる。

ついで工具的な性格を想定できるものは、磨製石斧、つまみつきのナイフとみられる石匙、削器、円盤状石器、砥石、擦切石器などがあり、全体の約一四パーセントの比率となる。

食料の調達と加工にかかわる石器の比率を全国規模で検討した前山精明《きよあき》氏の研究によると、縄文晩期には、石鏃や磨石・敲石類が多くなる遺跡が多いなかで、打製石斧と磨石・敲石類が上位二器種を占める遺跡がまとまっているのは、御経塚遺跡のある石川県加賀地方および富山県西部地方、それに九州地方の日本海から東シナ海寄りであるという。この石器組成の共通性から、両地域の生業基盤の共通性を指摘できる。

後述するように、両地域は装身具などにでも共通する形態や石材のものが出土しており、遠隔地ながらも結びつきがあったようだ。

打製石斧が多いのはなぜか

御経塚遺跡から出土した打製石斧は四九四三点（図19）。周辺の遺跡とくらべて極端に多い。

集落が長期間にわたって営まれたこともあるが、一体なんのためにこれだけの数が使われ、捨てられたのか。

当地では縄文晩期になると打製石斧が大形化し、かつ出土量が増えてくることが知られており、地元研究者はその点に古くから注意をはらっていた。御経塚遺跡と同じ金沢平野の近岡《ちかおか》遺跡で縄文晩期包含層からイネ花粉を検出した藤則《ふじのり》雄《お》・四柳嘉章両氏は、晩期の打製石斧の増加と、遺跡が沖積湿地帯へ進出する傾向をふまえ、打製石斧を農耕具とした稲作農耕の導入を想定する説を一九七〇年に提示した。

一方、翌年、下野遺跡の研究を発表した吉岡康暢《やすのぶ》氏は、石器組成の点では、山間地（下野遺跡）と平野（御経塚遺跡など）の遺跡は同じであり、平野で水稲耕作がおこなわれているとすれば、山間地との間で石器組成の違いがあらわれてもいいはずではないかと指摘し、また打製石斧を農耕にかかわる耕起具とした場合、収穫に用いた穂摘み具とみるべき石器がみいだせないことから、当地における縄文晩期水稲農耕については慎重かつ否定的な意見を述べた。吉岡氏は打製石斧の多出について、土掘り具として土地の開墾や根茎類等植物質食料の採取に使用したとした。その後、山本直人氏は、扇状地で多くみられるようになってきた土器と打製石斧が少量出土する遺跡にも着目し、吉岡説をより具体的に検証した。

他地域に目を転じると、西南関東から中部高地の縄文中期集落でも大量の打製石斧が出土することが知られている。今村啓爾《けいじ》氏は縄文中期において、打製石斧が多出する集落遺跡と、打製石斧が少なく貯蔵穴が群集する集落跡の分布が、それぞれ西南関東・中部高地と、東北関東とに分かれていることを明らかにし、西南関東・中部高地では土掘り具とみられる打製石斧を多用して食料を採取する生業が継続していたと推測した。そして、その対象については、長期間の貯蔵に向かない自然薯などのイモ類と推測し、イモ類を必要に応じて掘り出して食用としていたために、貯蔵穴は少ない数にとどまり、打製石斧が大量に出土したと推察している。

以上、先学の研究をふまえれば、当地における縄文晩期の土掘り具としての打製石斧の増加は、吉岡氏がまず述べたように、多数みつかっている集落での開発や、根茎類の採取のために盛んに用いられたものと理解するのが妥当と思われる。

御経塚遺跡に視点を戻せば、発掘調査で足の踏み場もないほどに掘りこまれた小穴にみられるように、集落における建物柱穴などの掘削がほかの遺跡よりも多かったと推察されることや、集落の成員が日常的かつ長期にわたり周辺の平野で多様な根茎類の採取を実施するなかで、打製石斧の製作と使用、廃棄が蓄積したものと考えられる。

図19●御経塚遺跡出土の打製石斧
5000点近く出土した。中央のものは長さ20cmを越える大形品。

擦切石器は穂摘み具ではない

擦切石器は剝片《はくへん》の長辺を刃部《じんぶ》とする石器である（図20）。御経塚遺跡を含め周辺の後・晩期の遺跡から出土していることや、刃部を打ち欠きだけではなく研磨によりつくりだされているものもある。形態的に弥生時代の石包丁に類似するものがあることなどから、先にみた晩期農耕にからみ重要な遺物である。

これに一定の見解を与えたのは加賀市の小杉《こすぎ》遺跡で実施した擦切石器の顕微鏡観察による分析である。小杉遺跡出土の七点の使用痕を観察した高橋哲氏は、使用痕が刃部のしのぎ部分までにおさまることから、対象物が木質・植物質のもので、「切る・押し切る」使用方法が推定できるとした。

石包丁に関しては、刃部のしのぎ部分を超えて使用光沢がひろがることから穂摘み具としての機能が推定されているので、使用痕観察からは両者は機能的に異なるものということになる。

図20 ● 御経塚遺跡出土の擦切石器
磨いて刃部をつくっている。弥生時代の石包丁に類するものではないかとの指摘もある。

3　装身具と人びとの交流

装身具の種類と攻玉

御経塚遺跡からは石製の垂飾《すいしょく》四六点、玉類五三点、土製耳飾り一二点、土製垂飾五点、土製玉類二点などの装身具が出土している（図21）。石製の材料はヒスイやヒスイを含む珪質岩《けいしつがん》、蛇紋岩《じゃもんがん》、滑石《かっせき》など、硬質で緻密《ちみつ》なさまざまな石材を使用している。穿孔具《せんこうぐ》は判然としないが、筋砥石が出土することから、御経塚遺跡でも攻玉《こうぎょく》（玉を磨く作業）がおこなわれていた可能性が指摘されている。

河村好光《よしみつ》氏によれば、御経塚遺跡の玉・垂飾類は、①C字状や櫛状をなす原勾玉《まがたま》、②管玉《くだたま》・臼玉《うすだま》・小玉《こだま》様の玉、③表面を装飾した玉（緒締《おじめ》）、④紐穴がT字状になるもの、⑤C字状で上下に穿孔する玉（緒締）、⑥細長く上部を穿孔したもの（垂飾）、⑦その他と分類される。河村氏は、縄文時代の玉類の特徴として、各地域で多様な石材を使用し、原石の破片・剥離片を素材として磨き込んでつくるために表面が曲面になる点が、角柱状に分割した素材からつくり平らな面が残る弥生時代以降の玉類と大きなちがいであると指摘している。

装身具にみる人びとの交流

ヒスイは新潟県の糸魚川周辺が国内の主たる原産地で、縄文時代中期には大珠《たいしゅ》とよぶ大形のペンダントや臼玉、小玉に加工され、北は北海道から南は九州までひろがっていた。後・晩期

図 21 ●**御経塚遺跡出土のさまざまな装身具**
いろいろな形の石製玉類が出土した。勾玉・管玉・小玉などの穴を開けたものと溝をつけたものがある。いずれも垂飾（ペンダント）として使用したと推測されている。

にもそうした広域の交流はあったようで、藤田富士夫《ふじお》氏は、佐賀県の菜畑《なばたけ》遺跡、熊本県の三万田東原《みまんだひがしばる》遺跡、鹿児島県の上加世田《うえかせだ》遺跡などの九州地方の各遺跡で、さきの①原勾玉や④T字状穿孔管玉、⑥垂飾に類似する形態の玉・垂飾が分布していることを確認し、当時、遠隔地間の密接な交流があったことを指摘している。

こうした北陸地方と九州地方の縄文装身具に関し、使用される石材や型式学的な検討により新たな見通しを示したのが大坪志子《おおつぼゆきこ》氏である。大坪氏は理化学的な分析により、九州地方で出土した縄文時代装身具のおよそ七割が、熊本市を中心とする中九州で産出した「クロム白雲母」という石材であることを確認した。また国内各地で同定をすすめ、近畿・中国地方で七カ所、北陸では御経塚遺跡を含め八カ所の遺跡で、出土した玉製品に、「クロム白雲母」製があることを明らかにした。さらに、両地域の中間である山陰地方の日本海沿岸地域もふくめて、そのデザイン、装身具に対する価値観の共通性についても指摘している。

そのなかで御経塚遺跡は、玉類の出土数が多いだけでなく、分類された玉類の種類がほぼ網羅される点が特筆される。

4　さまざまな祭祀具

御経塚遺跡からは、祈りや祀り、儀礼の場で使用したと考えられる土偶や石製の祭祀具が多数出土した。種類や数が多いのが御経塚遺跡の特徴で、多様な祭祀具を使用したさまざまな儀礼がおこなわれていたと考えられる。

たとえば、ヒトは病気や怪我、不運といった良くない状況から抜け出すことを願う。祈りや祀りは、その願いが行為としてあらわされたものであり、そのなかでさまざまな祭祀具が使われる。また、イワシの頭も信心からというように、場合によっては特別な道具を使わず、日常的な道具を使用することもあったかもしれない。

遺物から祈りや祀りの実態を復元することは非常に難しいが、出土した祭祀具や出土状況などを分析し、使用方法に関する特徴的な傾向をみつけだすことが今後の課題である。

土偶

土偶は総数で一三五点出土したが、すべて破片での出土である（図22）。その内の二〇点ほどに顔の表現があり、後期後半には半球状で眉鼻を隆帯で表現するものと、眉を沈線で描くものが主体となる。

晩期の途中から扁平な板状に変化するようで、体部の表現は極端に省略される。獣面あるいは精霊かと思われるようなものもみられるが、点数はごく少ない。多くは人を模したものとみられ、乳房の表現があることから女性を表現したものとみるのが一般的である。

めずらしい例としては抜歯《ばっし》を表現した土偶がある（図23）。春成秀爾《はるなりひでじ》氏によれば、この土偶は上下の犬歯四本を抜いた状態をあらわしているという。それは縄文晩期に当地の女性に「2C型抜歯」とよばれている抜歯形態があったことを示し、この抜歯形態をともなう集団は夫方

図 22 ● **御経塚遺跡出土の土偶**
上：後期〜晩期前葉。頭部のつくりと顔の表現に共通の特徴がある。
下：晩期。体部の表現が簡略化し、板状になる。

居住婚であると指摘している。北陸には縄文人の人骨が残る例が少ないが、「2C型抜歯」は富山県氷見《ひみ》市の大境《おおざかい》洞窟出土人骨（弥生中期）にもみられることから、当地では、縄文晩期からしばらくは、夫方居住婚の存在が推察できるとしている。

刀剣形石製品

刀剣形石製品に分類されるものは石棒一九二点、石刀二八六点、石剣四三点が出土した（図24）。石棒は男性の性器を模したとされるもので、棒状の先端を男根状に成形した有頭のものと、丸棒のままの無頭のものがある。断面が扁平化して刃部をもつもののうち、刃部が片側だけのものを石刀、両側にあるものを石剣と分類している。破片は刃部が不明なものもある。

比較的大きめで身部が太く膨らむものは後期の遺跡から出土例があることから、御経塚遺跡のはじまる後期中葉のものの可能性がある。身部あるいは刀身部が細長くすっきりと成形されるものには柄部に文様が刻まれる例が多く、連結三叉文、入り組んだ弧線文、綾杉文を施したものがあり、土器文様との比較から、後期後葉から晩期の各時期にわたるものと比定されている。

図23 ● **抜歯土偶**
土偶に歯が表現されていること自体がめずらしいが、この土偶は抜歯を表現している例として注目される。

御物石器

御物石器は長さ三〇センチ前後で中央部からやや偏った位置に大きな抉りがあり、その多くが断面三角形の磨製石器である（図４参照）。その特異な形態や遺跡からの出土例が限られることから、何らかの祭祀具として使用されたと考えられるが、具体的な用途はわかっていない。

通常、一遺跡から一点程度しか出土しないが、御経塚遺跡からは六点出土している。そのうち一点は、前記したとおり第一次調査で遺構内から土器とともに出土した事例として重要である。なお、その出土場所と時期については、一九八三年に刊行された報告書で、竪穴建物内の石囲い施設に埋置され、その時期も晩期前葉の御経塚式土器にともなうと、より限定的な所見が示されている。

図24●御経塚遺跡出土の刀剣形石製品
おもに頁岩や粘板岩を磨いてつくられた。
柄に文様が彫り込まれているものもある。

石冠

石冠《せっかん》は、底面が平らか凹状で、反対側に突起状あるいは斧歯状の凸部がある磨製の石器である。陰陽あわせもつ縄文時代に特徴的な石器の一つとして知られる。用途は不明であるが、全体にていねいに磨かれ、バラエティーに富んだ形をしていることから、通説にしたがって祭祀具の一種としておきたい。

御経塚遺跡からは一八一点が出土している（図25）。吉田淳《じゅん》氏が、縦長のものから横長までの一七種類に分類しているが、御経塚遺跡からはそのうちの一五種類が出土している。一遺跡からの出土としては量も種類も多く、保有状況からみても、御経塚遺跡がこの地域の中心的な集落であることを示している。

図 25 ● 御経塚遺跡出土の石冠
磨製の石器で、祭祀具と考えられている。

第3章　チカモリ遺跡と環状木柱列論

1　チカモリ遺跡の衝撃

縄文時代観見直し論

御経塚遺跡で土地区画整理事業に起因する発掘が進んでいた一九八〇年、北東に二キロというほど近い場所で、北陸の縄文晩期研究を進めるもう一つの重要な遺跡が発掘調査されていた。金沢市新保本町のチカモリ遺跡である。

チカモリ遺跡の調査はこの時、北陸のみならず全国的に注目をあびた。それは大形の木柱《もくちゅう》根《こん》を円形あるいは方形に配列した遺構が多数みつかったからである（図26）。加工具が石器しかない時代にもかかわらず、木柱の根元には溝やホゾ穴などを開けるというていねいな細工が施されており、木工技術の水準の高さを示していた。

特筆すべきは、直径八〇センチを超える木の分割材を使用した遺構が複数みつかったことである。そのような規模の構築物をつくるためには大人数での協業が必要不可欠とされ、指揮・監督をおこなった指導者の存在なども想起せざるをえない状況となった。

それまで縄文時代は狩猟採集を中心とした平等な社会であるという時代観が一般的であったが、同じころに調査され、縄文前期のすぐれた漆器が出土した福井県の鳥浜《とりはま》貝塚などとともに、縄文時代にも階層のちがいがあったのではないかといった「縄文時代観見直し論」のきっかけの一つとなる重要な発見であった。

土器型式の説明でも述べたとおり、チカモリ遺跡は、旧名を八日市新保遺跡という。土地区画整理事業にともなって約四〇〇〇平方メートルが発掘され、半環状に遺構群が展開する集落の大部分が調査され、多大な成果をあげたのであった。

図26 ● チカモリ遺跡で大形の木柱根が出土
地下水位が高く発掘調査は湧き出る水との闘いであった。
下の写真で人がまたいでいるのが大形の木柱根。

チカモリ遺跡の特徴

チカモリ遺跡の発掘報告書は南久和《みなみひさかず》氏を中心に執筆され、遺構や集落跡に関する特徴がまとめられている。御経塚遺跡を理解するうえでも重要な点が多いので、ここで南氏の見解を確認しておこう。

①集落跡には、平面が正円形・正方形・長方形の三つの種類の特殊家屋と、正円形の家屋址に似た一般家屋が認められる。

②中央に広場があり、それを環状にとりかこんで一般家屋が分布し、一般家屋の中心的な位置に正円形の特殊家屋があると推測される。

③円形の家屋には、柱列が円形に配される部分に加え、出入口とみられる部分が付属するものがある。

④円形の家屋は出入口の存在から、出入口を必要とする閉鎖的なもの、すなわち覆屋《おおいや》のある建物である。

⑤円形の家屋は出入口を広場の方向に向けているとみられる。

⑥円形の家屋は木材を縦に半分に切った半截材《はんさいざい》を使用しており、円弧面が建物内部を向く。

⑦方形の家屋には丸柱を用いている。

⑧方形の家屋の柱はほぼ正方形・長方形に配される。

⑨方形の家屋は短辺が広場方向に面する。

遺構の特徴をあげ、その配置や出入口の方向などから集落の形状が環状（弧状）になることを指摘したのは、石川県ではこの南氏の所見が高堀氏の御経塚遺跡につづくものである。また、特殊家屋とされる正円形の家屋址がほぼ同一地点で数回にわたり建て替えられていることから、その場所が集落の要《かなめ》の部分であり、その特殊家屋が「集落の中心的機能を果たした家屋であろう」との指摘は、富山県の井口遺跡における「特殊な性格を有する竪穴」の発見につづいて、縄文晩期の集落を考えるうえで重要な見解である。

かくしてチカモリ遺跡は、北陸における晩期の建物や集落を検討する出発点となり、それ以降、当地の建物遺構や集落研究の基準資料となっていくのである。

環状木柱列論の展開

さらにチカモリ遺跡発掘から二年後の一九八二年、能登町の真脇《まわき》遺跡で大形の木柱根を円形や方形に配列した遺構が確認され、この種の遺構の存在が明確になり、しだいに「環状木柱《かんじょうもくちゅう》

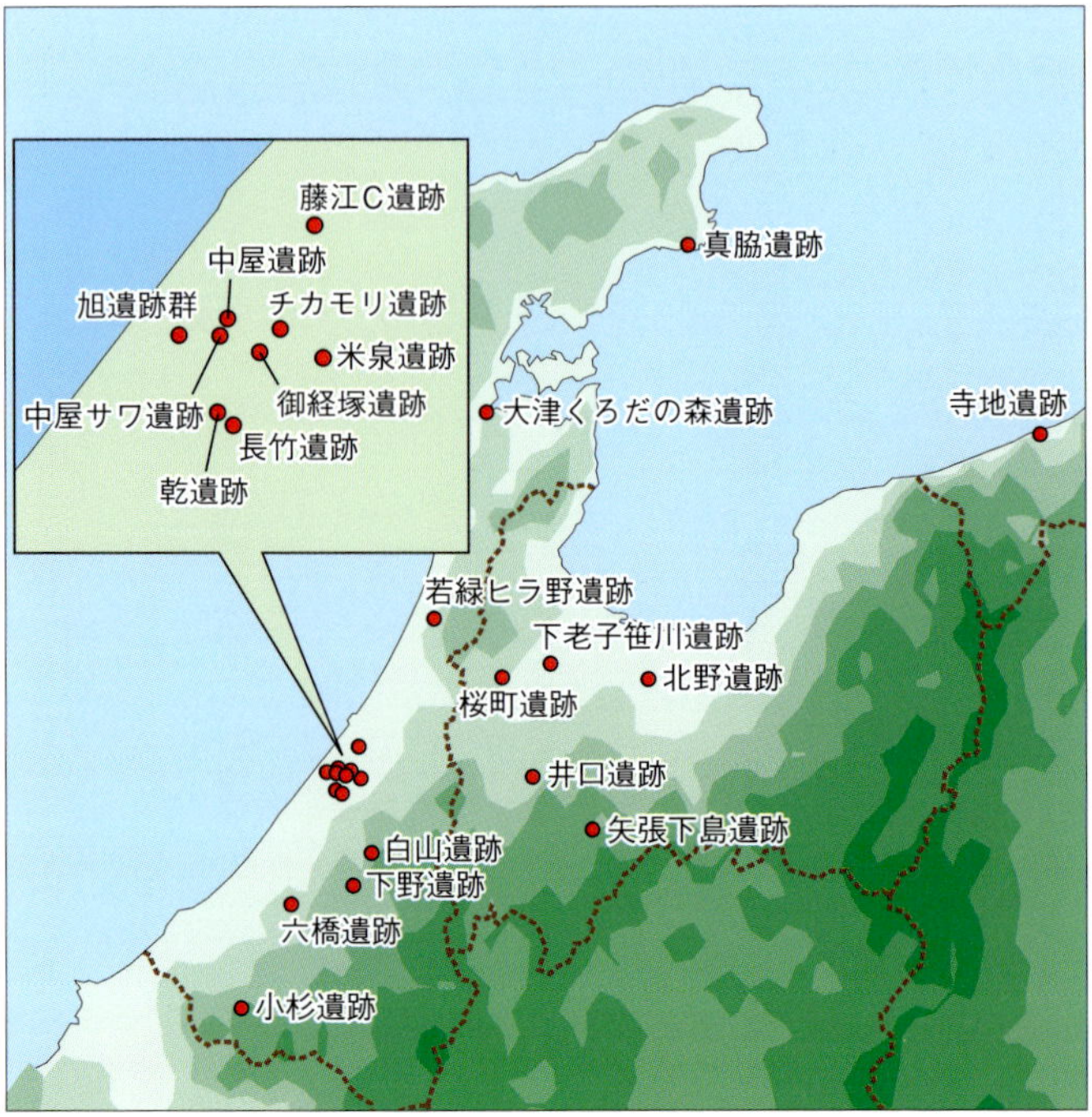

図 27 ● 北陸西部の主要縄文遺跡（後・晩期）

列《れつ》」「方形木柱列」とよばれるようになる。

同時に、井口遺跡の「特殊な性格を有する竪穴」のように、環状木柱列と同様な柱穴配置を示す遺構の見直しもおこなわれ、御経塚遺跡や白山市の白山遺跡でも環状柱穴列とよばれるような遺構があることがあらためて確認された。

真脇遺跡の例では、柱穴から出土した土器が中屋式期に比定され、いよいよ北陸地方において環状木柱列や方形木柱列が縄文時代晩期に広く分布していることが明らかとなったのである。

その後も、御経塚遺跡ツカダ地区・ブナラシ地区の調査や金沢市の米泉《よないずみ》遺跡・中屋サワ遺跡、小松市の六橋《ろっきょう》遺跡、富山県の北野遺跡など、晩期建物遺構の事例が蓄積されるなかで、まさに環状木柱列論ともいうべき研究が進展するのである。

2　環状木柱列論への疑問

環状木柱列論は正しいのか？

北陸の晩期研究における環状木柱列中心の研究動向のなかで、こと集落跡の理解については、筆者には根本的な疑問があった。「当時のムラはどのような姿であったのか？」

環状木柱列とされる遺構は、研究の初期には南久和氏の説のように、特殊家屋と一般家屋とされ、集落内における占地状況や規模のちがいなどをもとに、集落を構成するうえではそれぞれ異なる役割をもつ建物と考えられた。この点は、後に石井寛《ひろし》氏が、そうした状況は関東地方の後期集落遺跡の事例と共通するのではないかと指摘するなど、他地域の事例とも比較可能な、いわば縄文集落論としての枠組みを有していた。

ところが、真脇遺跡などで同様な環状木柱列がみつかると、構築材が巨大であることや多数にわたる重複状況がクローズアップされ、祭祀所や祭祀施設といった見解が強くなり、結果として祭祀色の強い特殊な施設という認識が一般化していく。そこでは一般家屋の存在を考慮しない遺跡の理解もされるようになっていった。確かに巨大な環状木柱列の存在はインパクトが強く、主要な遺構を中心に研究が進められていったのは自然のなりゆきであったかもしれない。

しかし、大形の木柱根からなる環状木柱列・方形木柱列を祭祀色が強い遺構とすると、当時の人びとがどこに住んでいたのか、そしてなぜ多数の遺物が遺されたのかという、基本的な問いがぼやけてしまう。とくに環状木柱列を立柱のみの構造物とする見解は、他地域の縄文集落の姿とはあまりにも異なった姿であり、縄文時代という枠組みのなかでも異質な世界を提示していることになりはしないか。

図 28 ● チカモリ遺跡公園の木柱復元
A 環とよばれる建物の柱が復元されている。割材を用いた柱を円形に 10 本配し、出入口にも対になる弧状の柱（門扉）が付属する。

そんなころ、筆者は異動で野々市町教育委員会勤務となり、御経塚遺跡の調査を推進していた吉田淳氏と出会うことになる。

晩期建物遺構の再検討

ある日、チカモリ遺跡の遺構分布図をみていた筆者は、穴と柱根だらけの図面のなかで、南氏が「方形プラン家屋址」とした遺構の外側に、蒲鉾《かまぼこ》状の割材を用いた柱がもう一まわりつくられていることに気づいた（図29）。それも一基だけでなく、「方形プラン家屋址」とする三基ともに存在する。よくみると柱の配置だけでなく、使用される柱の形状やそのすえ方、配列の規模まで類似している。驚いて、ほかの遺跡でも同様の例がないかを確認した。類例を調べることにより、北陸の晩期集落のなかで、新たな建物類型がみつかるのではないかと考えたのである。

その結果、チカモリ遺跡例と共通するものとしては真脇遺跡に同じく柱根が残る一例があることがわかった。ほかには柱穴しかのこっていないが、

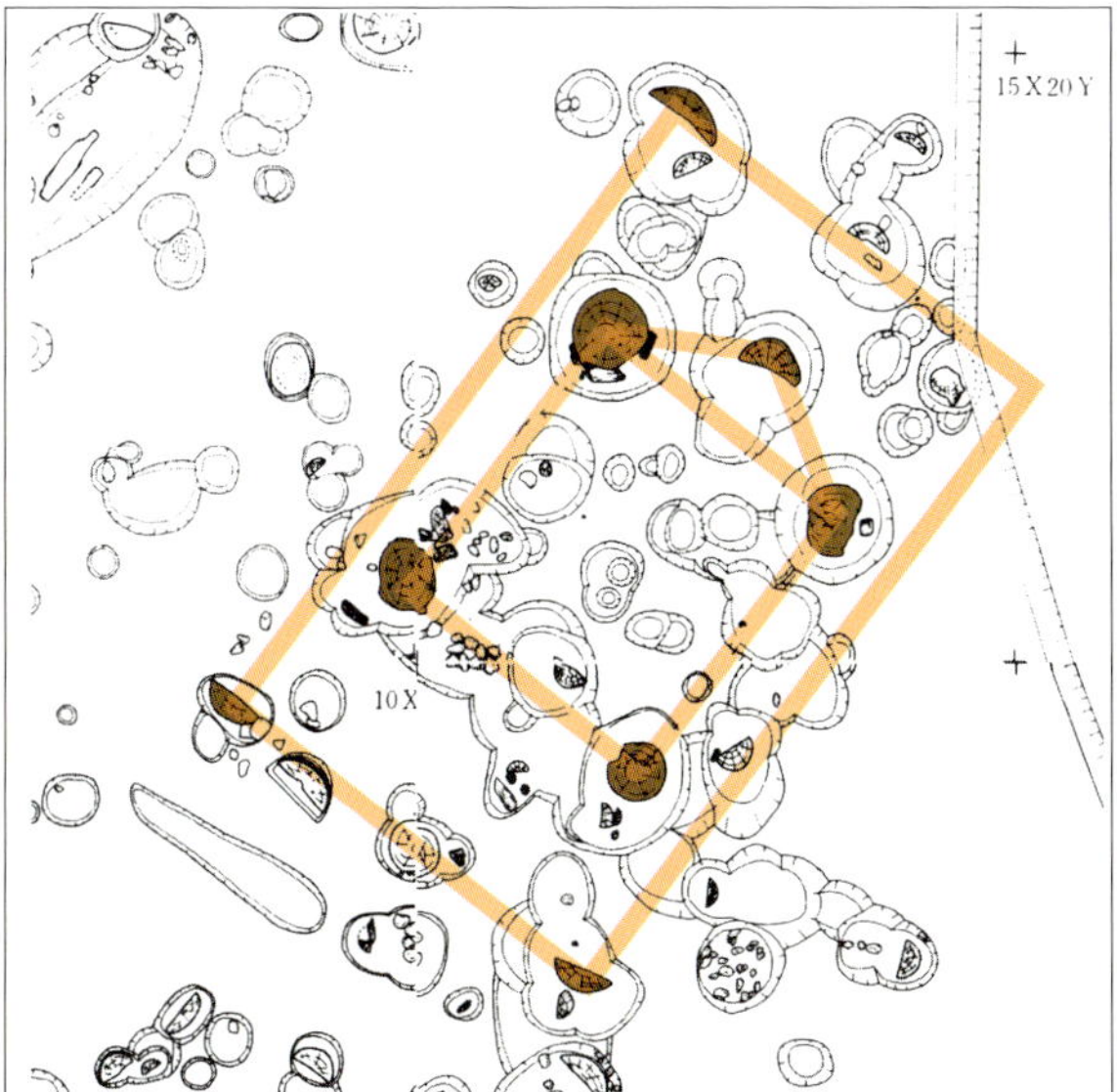

図29 ● チカモリ遺跡の遺構分布図でみつけた入子状方形建物
内側の丸柱4本が南氏の報告にある平面が正方形の家屋址。
その外側に蒲鉾状の割材を用いた柱が4本立っている。

七尾市の大津くろだの森遺跡で一例あることが確認できた。四角に配される柱が二重になっている、いわば入子状の建物であることがわかったのだ。北陸の晩期建物といえば環状木柱列と方形木柱列という研究状況であったので、これにより、建物遺構そのものの再検討が必要であることが理解できた。そして、そのことを吉田氏に相談したのである。

吉田氏はその後、丹念にチカモリ遺跡の遺構分布図を調べて、残された柱根の一本一本を綿密に検討し、多数の建物跡を復元した（図33参照）。

復元された建物跡は、環状木柱列と方形木柱列、入子状方形建物跡のほかに、柱六本からなる平面亀甲《きっこう》形の建物跡が数多く示された。当時、亀甲形建物跡は縄文晩期に新潟県以北に分布することが知られており、新潟県の籠峰《かごみね》遺跡や青田遺跡などの例により、晩期の一般的な居住施設として認識されていた。チカモリ遺跡の分析で、北陸西部においても、縄文晩期集落を構成する主要な遺構の一つに亀甲形の建物跡が存在することが明らかになったのだ。

この検討を受けて、吉田氏と筆者は、御経塚遺跡をはじめとする北陸の晩期集落の再検討を思い立ったのである。

3　建物跡の類型化を試みる

再検討の基準

北陸の晩期集落の再検討にあたって最初に考えたのは、建物跡の類型化である。これは集落を理解するうえでの基礎作業ともいえる。この作業は御経塚遺跡ではなく、まずはチカモリ遺跡でおこなった。というのも、御経塚遺跡では柱穴が足の踏み場もないほどみつかっているため、いかようにも建物跡が復元できてしまう可能性があったためである（図30）。

一方、チカモリ遺跡は地下水位が高く、木質遺物の遺存状況が良いため、多数の柱根が残されている。穴と穴を結んで建物跡を復元するよりも、穴に残された柱と柱を結んで建物跡を復元したほうが、用材や柱のすえ方などもふまえた復元ができ、建物の地下構造である柱穴・柱根について形態的特徴が一致すれば、より妥当性のある類型化が可能となるはずだ。そして、地下構造が同じものは上屋も同様である可能性が高いので、当時の社会においても決まった形態の建物を建て分けていた証となるのではないか。

また、同様な検討を、ほかの遺跡でおこなうことも必要である。チカモリ遺跡で複数例存在することが明らかになった建物類型が、北陸のなかでどの程度確認できるのかを調べることで、その類型が妥当であるか否かを検証できるし、各類型のひろがりを確認することで地域的なまとまりがみえてくるかもしれない。

そして、集落における建物類型の組成を調べることで、建物類型ごとの機能差や居住形態を明らかにする糸口をえたり、チカモリ遺跡にはない建物類型の存在を確認することにもなる。

ただ、この作業は困難をともなった。いままでに確認されていなかった建物跡を復元するということは、発掘調査報告書に通常触れられることの少ない、小さな穴の一つひとつを対象に検討を進めることになるからである。作業のほとんどは、遺跡の遺構分布図をひろげてチカモリ遺跡で確認された建物類型に当てはまる柱穴の配列がないかをさがすにとどまったが、それでもいくつかの成果はあげられた。

環状木柱列はやはり建物跡ではないか

再検討の結果、建物には平面が方形のもの、亀甲形のもの、円形のものが確認された。

ここで建物の呼び名について、いささか困った事態となってしまった。北陸では「環状木柱列」「方形木柱列」などが遺構名として使用されているのは既述のとおりである。そうすると亀甲形のものは「亀甲形木柱列」となるのだろうか。しかし、周辺の地域をみれば、同様なものは「掘立柱建物跡」とよばれることが多い。となると地面に柱を立てて構築した構造物ということで掘立柱建物跡としてまとめ、そのなかの形態差として「円形」「方形」「亀甲形」とするのが妥当と言えるのではないかと思えた。

そこで吉田氏と筆者は、「環状木柱列」という用語に三〇年以上もの積み重ねがあることを十分勘案しながらも、

図30●足の踏み場もないほど穴がみつかった御経塚遺跡
第24次発掘調査にて。後の検討で、一部が柱穴であることが判明した。

名称も変更すべきではないかと考えた。以下、遺構名称は「方形建物跡」「亀甲形建物跡」「円形建物跡」という用語を用いて説明をおこなっていくこととしたい。

建物跡の類型化

では、チカモリ遺跡での検討をもとにして、御経塚遺跡を含め石川県と富山県域の後期後葉から晩期の集落遺跡を加えた検討による建物類型をまとめておこう（図31）。

方形建物跡　方形に柱穴を配列したもの。

〈方形建物跡一類〉一間×一間の方形ないし長方形に柱穴を配したもの。方形と長方形の区分は明確ではないので細分していない。チカモリ遺跡では、柱材に丸材と割材が使用され、柱の太さもさまざまである。蒲鉾状割材が使用される場合は、平坦面を内側に向ける例が数例みられるが、厳密な規格性があるわけではないらしい。

〈方形建物跡二類〉一間×二間で長方形に柱穴を配したもの。桁行き方向の柱間はほぼ等間隔である。チカモリ遺跡では、大形の丸柱が使用される。

〈方形建物跡三類〉方形ないしは五角形に配した柱穴に対して、さらにそれをとりかこむように長方形に柱穴を配したもので、内側と外側の二重構造になっているもの。内側の方形部分には太目の丸材、外側には蒲鉾状の割材が使用される。外側の割材は平坦面を建物の内側へ、弧面を外側に向けて設置する強い規格性がある。内側の方形配列に対し、外側の方形配列がひとまわり大きなものを三類ａ、内側と外側の方形配列の柱筋が通るものを三類ｂとする。

亀甲形建物跡　亀甲形に柱穴を配置したもので、前述したように、従来は新潟以北で特徴的な建物類型とされたものである。

〈亀甲形建物跡一類〉文字通り亀甲形の六カ所に柱穴を配したもので、長軸上に柱穴を配したもの。柱は割材が使用され、平坦面を建物の内側に向けてすえることが多い。

〈亀甲形建物跡二類〉亀甲形に柱穴を配したもののうち、亀甲形になる六本と片側に張出す三本が想定されるもの。チカモリ遺跡では一例あるものの全体が発掘された例はない。新潟県で多数みつかっている建物との類似性を考慮して、一類型として設定した。

〈亀甲形建物跡三類〉亀甲形の六カ所に柱穴を配したもののうち、短軸上に柱穴を配したもの。柱根が遺存する例はなく、つぎの円形建物跡一類と区別がつきにくいが、長軸方向が長く、短軸上の柱穴を円周上に配してないものをこの類型にした。

円形建物跡　円形に柱穴を配列したもの。従来の「円形プラン家屋址」「環状木柱列」にあたる。南氏がチカモリ遺跡報告書で指摘した諸特徴があてはまり、柱はおおむね円周上で、建物の主軸線に対して対称性を保持しつつバランスよく配される。確認される柱は蒲鉾状割材か蜜《み》柑割《かんわり》板材で、樹皮側の弧面と割面の平坦面があるものが用いられることが多い。南氏がたびたび指摘するように、弧面を建物内部、平坦面を建物外部に向ける特徴を示す。なかには出入口部とみられる張出し柱を配したものもある。

〈円形建物跡一類〉ほぼ円周上に六本の柱をバランスよく配したもの。亀甲形建物跡と同じ柱数だが、柱がおおむね円周上に配されることや、割材を使用した柱が平坦面を外側に向けてい

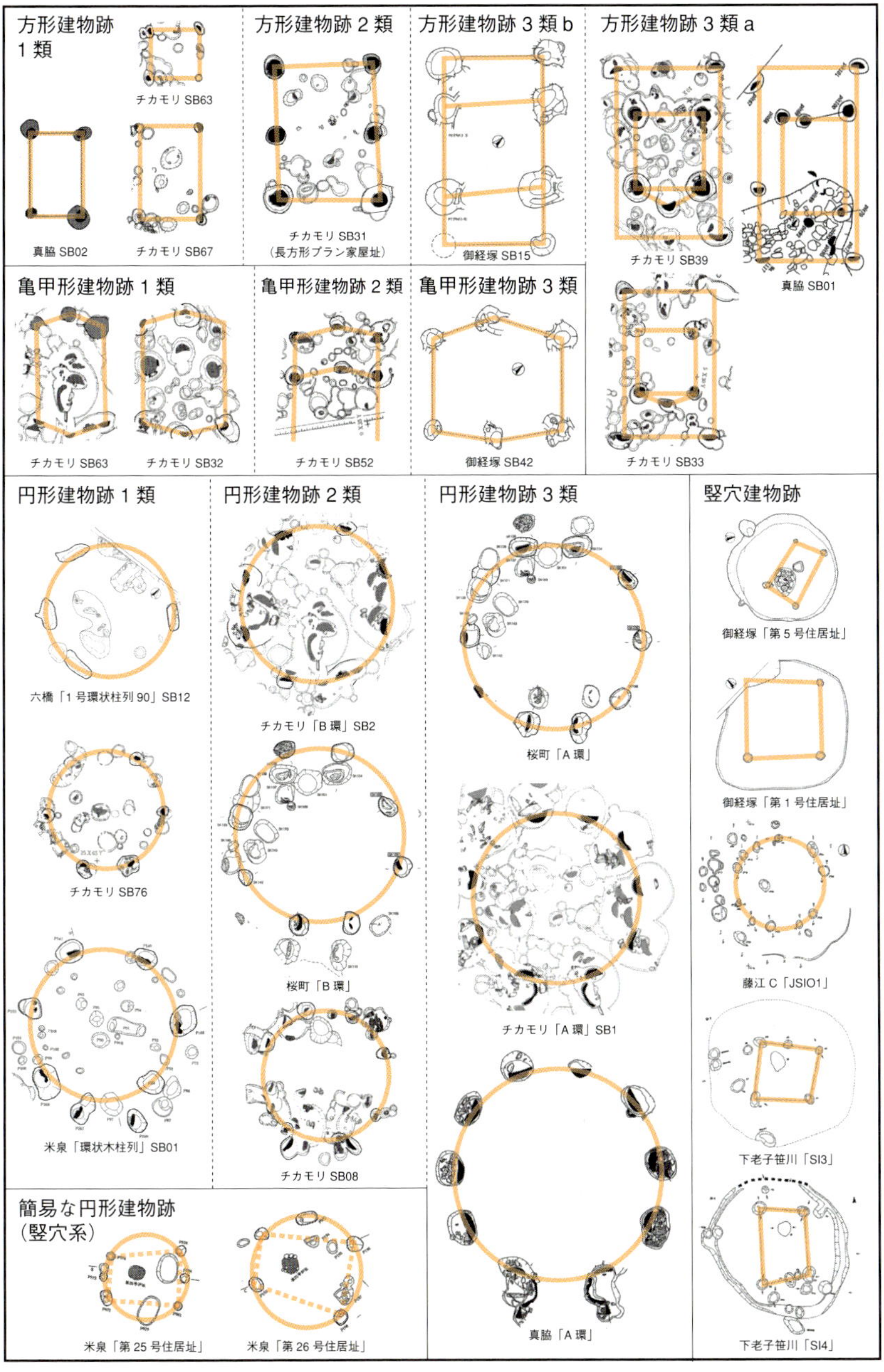

図31 ● 縄文時代後期〜晩期の建物類型

る点で亀甲形建物跡とは異なると判断される。
〈円形建物跡二類〉ほぼ円周上に八本の柱をバランスよく配したもの。
〈円形建物跡三類〉ほぼ円周上に一〇本の柱をバランスよく配したもの。チカモリ遺跡や真脇遺跡で「A環」と分類されたものが含まれる。

簡易な円形建物跡　米泉遺跡の報告書で西野秀和氏が、炉址を中心として径約三～五メートルの範囲に柱穴が円形にめぐるものと報告しているもの。

竪穴建物跡　炉跡や柱穴をともなう竪穴の建物跡。従来の「竪穴住居跡」にあたる。

建物の性格について考える

以上のように建物跡を類型化してみると、あらためて問題となるのが、類型化したそれぞれの建物の性格である。すでに紹介した説もあるが、ここでいったん整理してみたい。

まず、円形建物跡からみてみよう。チカモリ遺跡での木柱発見以降、類例が増加していくにつれて「環状木柱列」という呼称が一般化したが、その性格について二通りの説がある。一つは屋根・壁を有する家屋であったと理解する大形円形建物と通常の円形建物に対する見解は、南久和氏「特殊家屋と一般住居」、加藤三千雄《みちお》氏「集会所・共同祭祀の場と一般住居」、石井寛氏「祭祀をつかさどる人物の住居と通常の住居」などである。もう一つは柱のみが立っていたとするもので、西野秀和氏「一時的な祭祀の場」と渡辺誠氏「火の祭りの場」、植田文雄氏らの説で、祭祀場としての機能を推測している。

筆者は、掘立柱建物が主となる集落においては、円形建物は方形建物とともに基礎的な構成要素であり、集落を構成する基本的な建物であることから、南氏と同様に、集落に住まう人びとの居住施設、つまり住居であると考えている。そして集落の要の位置で幾度も重複する円形建物は、重厚な柱を用いる点で構築には少なくとも集落単位での協働が必要と考えられ、集落のリーダー（祭祀者）にあてがわれた住居と推測する石井氏の意見に賛同するものである。

建物の変遷

この円形建物の当地での初現は、現時点では判然としないが、先にみた集落遺跡における建物跡のあり方から、後期末から晩期初頭に位置づけられる藤江Ｃ遺跡のＪＳＩ１や御経塚遺跡の７Ｒ建物が形態的に似通っており、今のところもっとも古いものになりそうである（図32）。藤江Ｃ遺跡例は浅いが竪穴をともなっていることが特徴的で、後期後葉の七本主柱竪穴建物の系譜に関連しそうだが、事例が少ないこともあり、今後類例をまって評価する必要がある。

その後、円形建物は御経塚遺跡のデトＳＢ６・ツカダ19・20号、米泉遺跡の環状木柱列、桜町遺跡のＡ環・Ｂ環など晩期中葉の中屋式期の形態を経て、後葉の下野式期には一部が大型化し、末葉の長竹式期には御経塚遺跡ＳＢ02〜04や真脇Ａ環、チカモリＳＢ１のように展開したことが予想される。

亀甲形建物跡に関しては、新潟以北では六本柱掘立柱建物跡として縄文晩期の主要な遺構になっている。青田遺跡では多数の掘立柱建物がみつかり、木柱の年輪年代学的検討をおこなった木村勝彦《かつひこ》氏と荒川隆史《たかし》氏の研究により、年単位での集落変遷が把握されるという画期的な成果があがっている。当地では吉田氏によるチカモリ遺跡の検討まで知られていなかったものだが、新潟の例との類似やチカモリ遺跡での配置状況に円形建物とその類似がうかがわれることから、これも居住施設とみるべきだと筆者

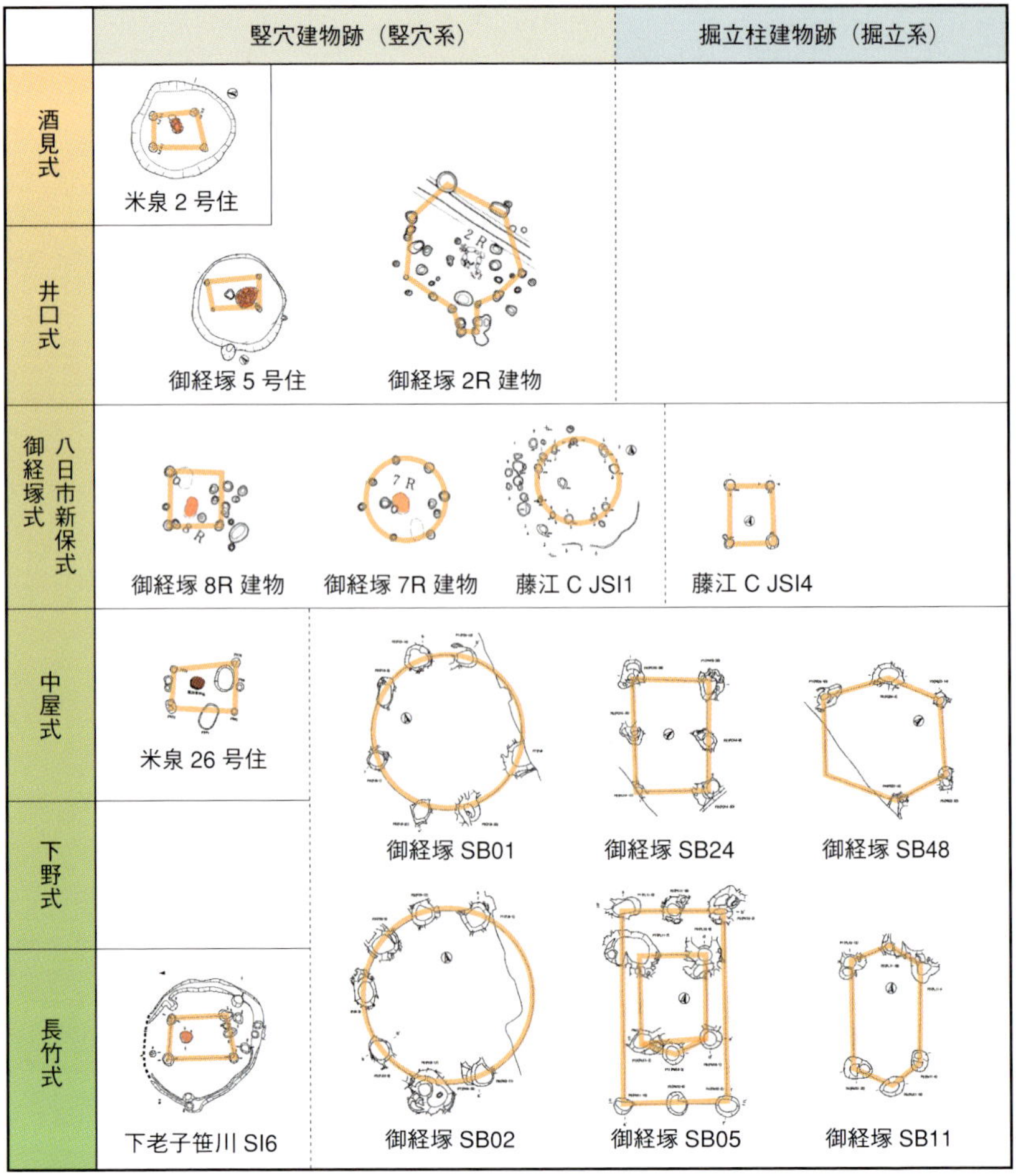

図 32 ● **建物遺構の変遷**
竪穴系の建物には、主柱が 4 本のものと 7 本以上からなる多主柱のものがある。竪穴が円形（掘立）建物へ変化した可能性もある。

は考えている。

方形建物跡とした類型については、寺地《てらじ》遺跡やチカモリ遺跡、真脇遺跡など初期に確認されていたものが太めの丸柱を使用しており、同種遺構の重複も認められなかったことから、より特殊な遺構であり、重量のある構造物、たとえば高床式の倉庫などが考えられるとする意見が多く出た。石川県の事例の再検討では、そうした太い丸柱を使用した四本柱が、入子状方形建物として外側に蒲鉾状割材を配した特殊な建物の一部であることが判明したが、近年では入子状方形建物b類に類似する遺構が奈良県の観音寺本馬《かんのんじほんま》遺跡で確認され、そこでは内部に地床炉《ちしょうろ》が確認されている。これにより平地式掘立柱建物である可能性が高まったが、炉跡の確認されていない北陸の事例も居住施設になるのか、あるいは倉庫なのかは、今後も検討を進めていく必要がある。

最後に、簡易な円形建物と竪穴建物跡についてであるが、これらは炉をもつものが多く、居住施設と考えている。

4　チカモリ遺跡のあらたな集落像

こうして南久和氏が報告したチカモリ遺跡の発掘調査報告書をもとに、吉田氏と筆者が建物跡に再検討を加えることで、チカモリ遺跡のあらたな集落像が浮かびあがってきた（図33）。

チカモリ遺跡では、建物群が半環状を呈して分布し、入口とみられる部分を中央の広場空間に向けていることと、集落の要の位置に円形建物跡（従来はA環からF環とよばれている）がほぼ定位置で重複していることとは、南氏が指摘しているとおりである。また、この要の位置を占拠する建物については、石井氏が関東地方における後期の集落事例との共通性から「多重複住居」「核家《かくか》屋《おく》」といった概念で理解していることも注意しておこう。「核家屋」とは、集落のほぼ同一地点で幾度も構築される建物で、まさに集落の要となる家

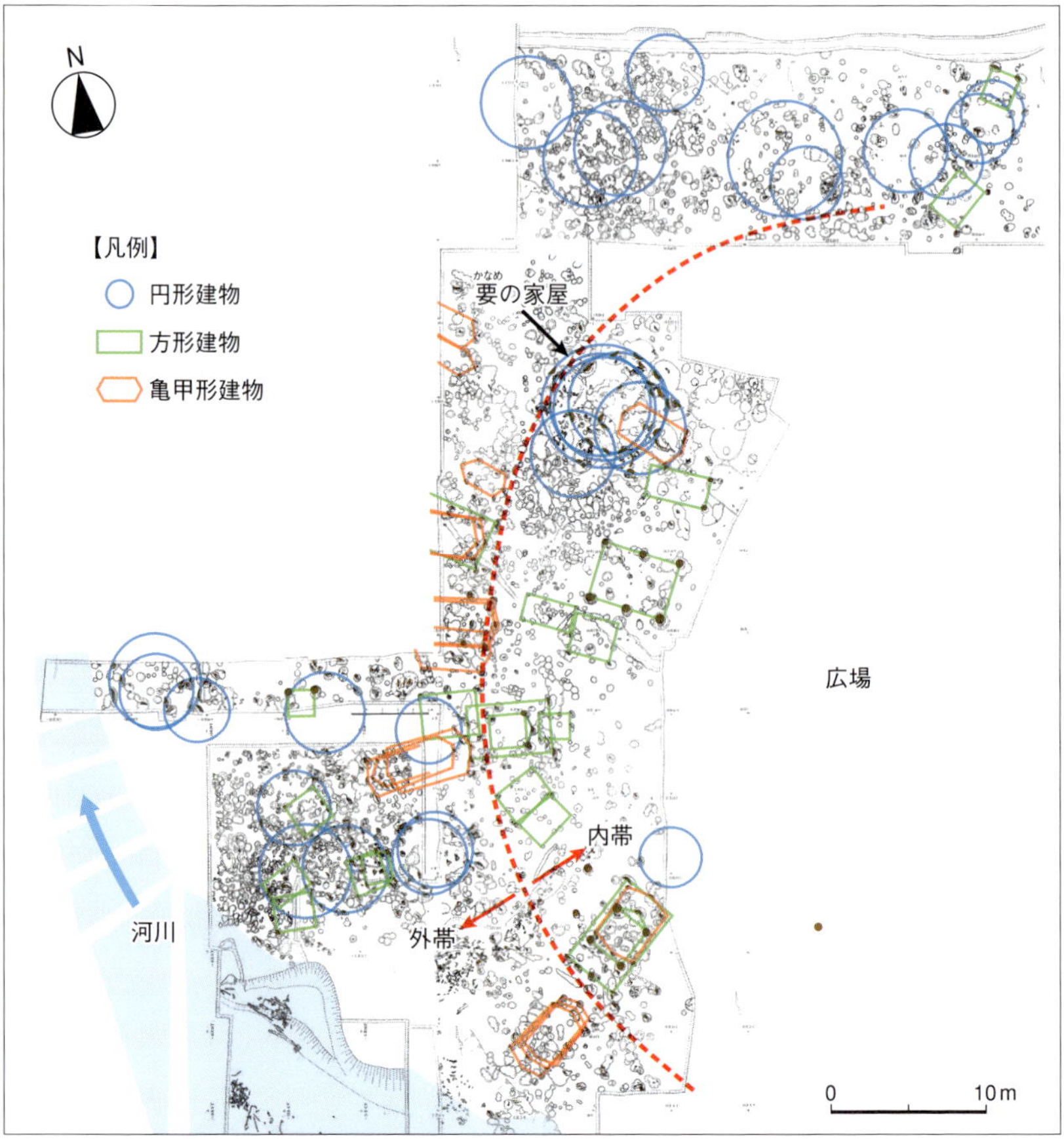

図 33 ● チカモリ遺跡の遺構分布
建物は出入口や長軸の向きを広場の中央付近に向けて、全体として環状（弧状）に配されている。縄文時代の典型的な環状集落に通じる事例。

屋と理解できるものであり、そこには集落の指導者や祭祀者など特別な人物が居住していた可能性が指摘されている。石井氏が考察している集落は、チカモリ遺跡とは地域や時期が異なるものの、同じ縄文時代の後半に位置づけられることや、集落内での遺構の分布や重複の状況が類似していることから、同様な理解が成り立つ可能性が高いとみるべきだろう。

そしてチカモリ遺跡で注目されるのは、遺構の環状分布域を内帯と外帯に区分した場合、主として、内帯には核家屋とみられる要の建物と方形建物跡一・二・三類が、外帯には円形建物跡、亀甲形建物跡、方形建物跡一類が分布する傾向にある点であろう。また外帯でも、亀甲形建物跡が円形建物跡よりも、より内側に分布する傾向がみられることは、集落において建物類型がある程度計画的に配置されていた状況をうかがわせる。このことは石井氏が早い時期に論じているように、チカモリ集落において、空間構成が長期にわたって守られていたものと指摘でき、縄文時代における環状集落の典型例に類似する事例といえる。

さらに近年、チカモリ遺跡のＳＢ１（Ａ環）建物跡や真脇遺跡Ａ環について、向井裕知《ひろとも》氏や高田秀樹氏らによる出土土器の再検討と、木村勝彦氏らによる年輪年代学的検討の結果、縄文晩期末葉の長竹式期のものと報告された。詳細な遺構単位の年代比定がおこなわれた結果、大形の円形建物跡の年代が晩期末葉とされたことは少なからず驚きをもたらした。

このようにして環状木柱列を掘立柱建物跡とみて、その類型化を試みるなかでチカモリ遺跡の集落を検討するならば、列島全体の縄文環状集落の動向のなかでとらえることができるのである。こうした検討をふまえ、次章では御経塚遺跡の集落をみていくことにしよう。

第4章　御経塚遺跡の集落像

1　集落の構成

すでに述べたように、御経塚遺跡の発掘調査は、大きく分けて南西から北東に流れる旧河川を中心に、その北西に位置するブナラシ地区、東側に位置するツカダ地区、そして南に位置するデト地区である（図10参照）。なかでも面的に調査されたのはブナラシ地区である（図34）。

ブナラシ地区では、南東部を北西方向に流れる旧河川と遺構の希薄域があり、この遺構希薄域が集落の広場にあたる中央の空間地とみられる。河川が中央の広場を通ることに疑問を感じる方がいるかもしれないが、後に述べるように、河川を集落の内部にとり込むことこそ、この地域の集落形態の特徴の一つである。

そして、この空間地に沿うようにして南西から北東方向に緩く弧を描くようにして遺構が集中的に分布している。遺構の集中度は柱穴と思われる穴が幾重にも重複し、それこそ足の踏み場もないような状態である。その外側には後期後葉を中心とする竪穴建物跡や炉跡がひろがっているので、大きくは広場空間、柱穴集中域、竪穴建物跡分布域に分けられよう。

吉田氏は、前章で述べたチカモリ遺跡での建物跡類型の検討をふまえ、御経塚遺跡でも、柱穴集中域のなるべく深くて明確な柱穴を対象に、円形・方形・亀甲形の各類型の柱穴配置を検討して建物を復元した。これまで膨大な遺物が出土していながら、少数の竪穴建物跡と炉跡しかなく、遺物と遺構のバランスからみていまひとつピンとこなかった御経塚遺跡の晩期集落の一端が、ようやく姿をあらわした。

復元された晩期の建物跡は、円形建物跡二類・三類、方形建物跡一類・二

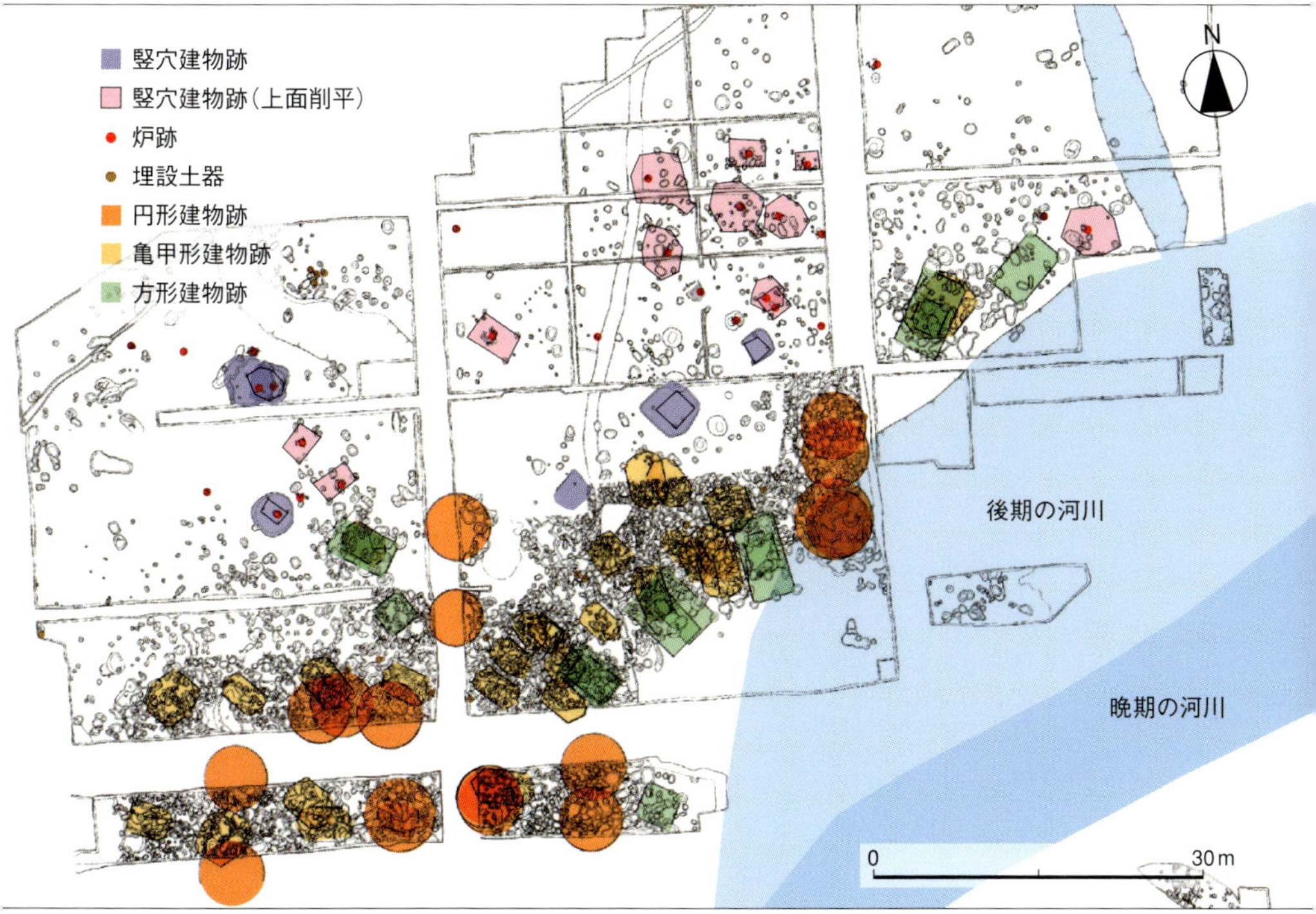

図34 ● ブナラシ地区の密集した建物遺構
竪穴建物は後期から晩期前葉に属す。円形・方形・亀甲形の掘立柱建物は晩期中葉〜末のもので、竪穴建物分布域の内側に分布する。

類・三類a・三類b、亀甲形建物跡一類である。建物長軸が広場空間を向くものが多く、円形建物跡も遺構の主軸が広場を向いている。後期の建物跡も出入口部を広場方向に向けていて、後期から晩期にかけて、共通する意識で集落づくりを進めたといえる。

2 集落の移り変わり

困難をきわめた時期の特定

御経塚遺跡で復元された各建物はどういった変遷をたどるだろうか。それを明らかにするために縄文集落研究でおこなわれているのは、各遺構から出土する土器の出土状況とその型式を検討して、遺構の時間的な位置づけを確認する方法である。

しかし、御経塚遺跡ではその方法をとるのは困難をきわめた。それは少数の竪穴建物跡を除いて多くの建物が掘立柱建物跡であるためだ。掘立柱建物の場合、柱穴から土器が出土したとしても、それは建物構築時か、解体時や柱の腐朽にともなって入ったと考えられ、実際に建物が使われている時期を特定するのがなかなか難しい。

加えて御経塚遺跡では、掘立柱建物跡の重複が著しいため、地表面に捨てられている土器片が、たび重なる建物の構築・解体のときに混入することも考えられ、出土土器がそのまま建物の時期を示すとは限らない。とは言え実際に検討してみないと何もわからないままなので、資料的な限界をふまえながら、吉田氏の研究をもとに集落跡の移り変わりを確認していこう。

集落のはじまり

御経塚遺跡では、今のところ縄文後期中葉の酒見式期にはデト地区の土坑が目立つ程度で、建物跡は確認されていない。建物跡が確認されるのは、後期後葉前半の井口式期に入ってからである。ブナラシ地区で竪穴建物跡が三基、石囲炉から復元できる建物跡が六基、石囲炉が八基、ツカダ地区では竪穴状遺構が二基みつかっている（図35）。

この時期の竪穴建物は、四カ所もしくは七カ所の主柱穴でかこまれた内側に炉が切られている（図36）。ほかには竪穴がなく、炉とその周囲の柱穴のみが確認されているものもあり、これは竪穴建物跡の床面から上が検出できなかったものと考えられる。

炉はほとんどが川原石をめぐらせた石囲炉で、炉内に土器を敷いたものや、片側に深鉢形土器を埋めたものもある。東側の炉石に接するように埋め込まれる土器は、斜めに倒した状態で口を炉の中心側に向けているものが多い。

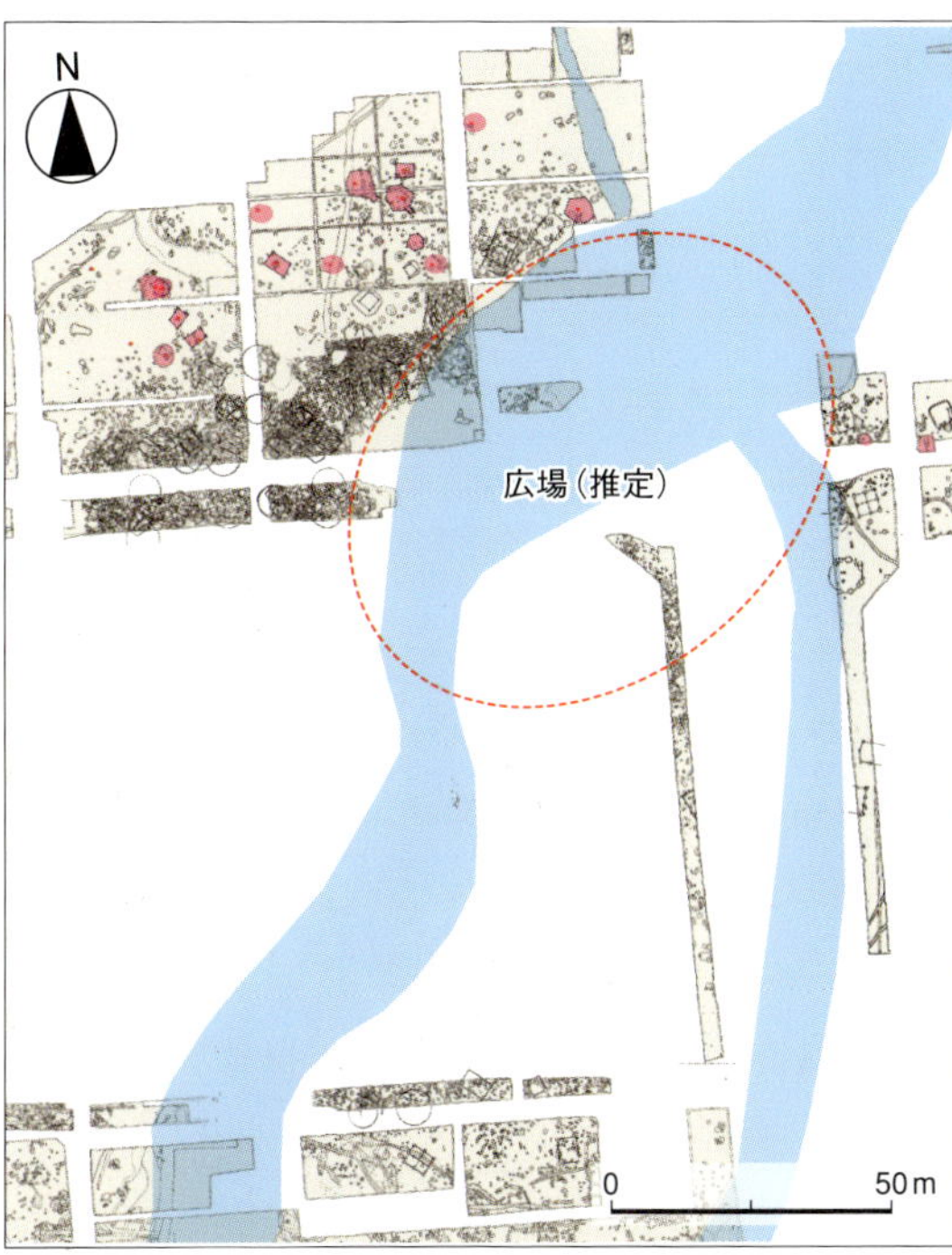

図35 ● 後期後葉前半（井口式期）の集落
遺跡北側を中心に竪穴建物が展開する。
竪穴建物は石囲炉が設置され、出入口を
河川側に向ける例が多い。

後期後葉後半から晩期前葉の集落

縄文後期後葉後半の八日市新保式期には竪穴建物跡が二基と上面が削平された竪穴建物跡一基、石囲炉二基があり、晩期前葉の御経塚式期になると、竪穴建物跡一基と御物石器が出土した竪穴がある（図37）。なお、八日市新保式期の二基の竪穴建物跡は、主柱穴のみで炉は確認されていないが、ほかに竪穴をともなわない形で石囲炉がみつかっており、石囲炉の使用が継続していたとみられる。ブナラシ地区では、後期中葉から晩期前葉まで、旧河川が北西側に張り出してきていたものと推測され、それに応じるように建物跡も調査区の北西側に分布する状況がうかがえる。

図36 ● 後期後葉の竪穴建物跡と炉跡
後期の竪穴建物に付属する炉は石囲炉で、一端に深鉢を倒して埋め込んでいる。

晩期中葉以降の集落—竪穴建物から掘立柱建物へ

晩期中葉の中屋式期以降には竪穴建物跡は確認されず、すべて掘立系の建物跡となる（図38）。晩期中葉から末葉までの中屋式・下野式・長竹式の各時期には、円形建物跡二〇基、方形建物跡一四基、亀甲形建物跡三一基から構成されている（図39・40）。

旧河川はブナラシ地区のやや南東に流路をかえたものとみられ、それに応じるかのように、建物群の分布域も旧河川側に入り込んでいる。また、この時期には埋設土器も二〇基ほど確認されており、建物域の内外に分布するのも特徴的である。

そして各時期とも三種類の建物跡から構成されており、その点からも、掘立柱建物跡の各類型は時期的に変化したものではなく、複数の類型からなる建物で構成される集落であったと考えられる。

類型ごとの分布域は、円形・方形・亀甲形の各類型はおおむね弧

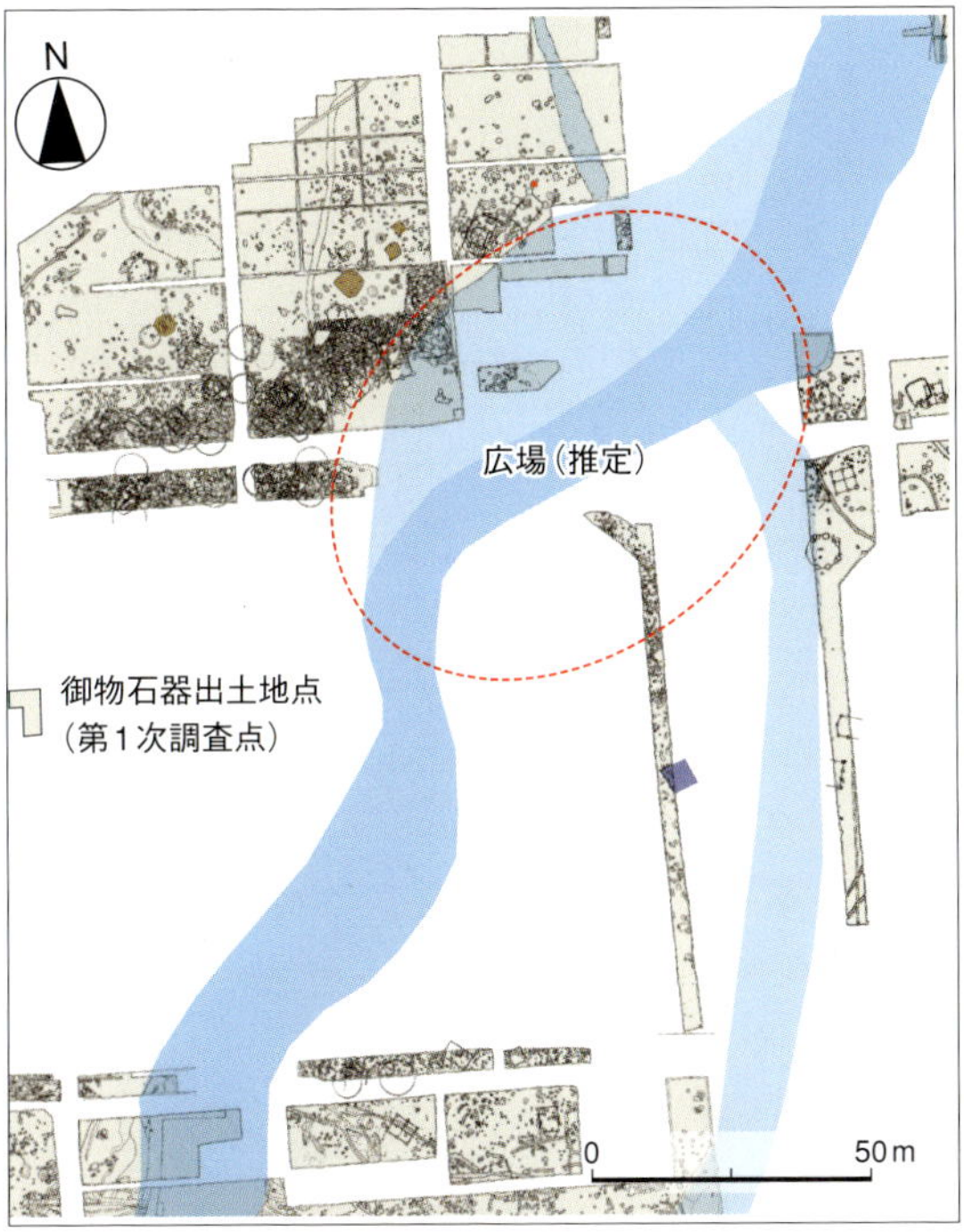

図37 ● 後期後葉後半〜晩期前葉（八日市新保期■〜御経塚期■）の集落
確認される竪穴建物の数は減少する。土器などの遺物量は減少していないことから、確認はされていないものの、このころから掘立柱建物に替わっていった可能性がある。

状を呈する帯状の分布域のなかにあり、建物跡群は長軸方向を南東の広場と河川の方向に向け、時計の針がまわるように中心を意識しているように向きを変えている。

そのことから御経塚遺跡でも、環状（弧状）集落として、長期にわたって集落内の建物群の配置を律するような空間デザインの存在をうかがうことができる。

集落の中核となる家屋と想定される定位置で重複する円形建物跡については明確ではないものの、晩期後葉から末葉に南北方向に四基つらなる建物跡が中央空間に接して存在しており、吉田氏が要の家屋である可能性が高いと指摘している。また、入子状の方形建物跡も、大形化する円形建物跡と同様に、晩期後葉から末葉に集落の内側に配置されるとみられ、チカモリ遺

図 38 ● 晩期の方形建物跡と埋設土器（土器棺）
上：ブナラシ地区の掘立柱建物の柱穴群。
下：長竹式期の土器棺墓で、集落内に埋葬されていた。

跡、真脇遺跡における分布状況と類似している。これは、この特殊な建物の時間的な位置づけに対する見通しを示すとともに、その性格を考えるうえでも重要な鍵となろう。

3　平野の大規模縄文集落

地形とのかかわり

つぎに、御経塚遺跡を、周辺の同時期の遺跡を含めた遺跡群のなかで検討してみよう。

御経塚遺跡は手取川の扇状地に立地している（図41）。この扇状地は、その名の通りきれいな扇形をしている。扇の根元にあたる扇頂部が白山市鶴来《つるぎ》町、扇の東側は富樫《とがし》山地、西側は能美《のみ》丘陵によって画されている。扇の先端は海にむかって弧を描き、金沢市、野々市市、白山市から能美市にかけて、標高約一〇メートルか

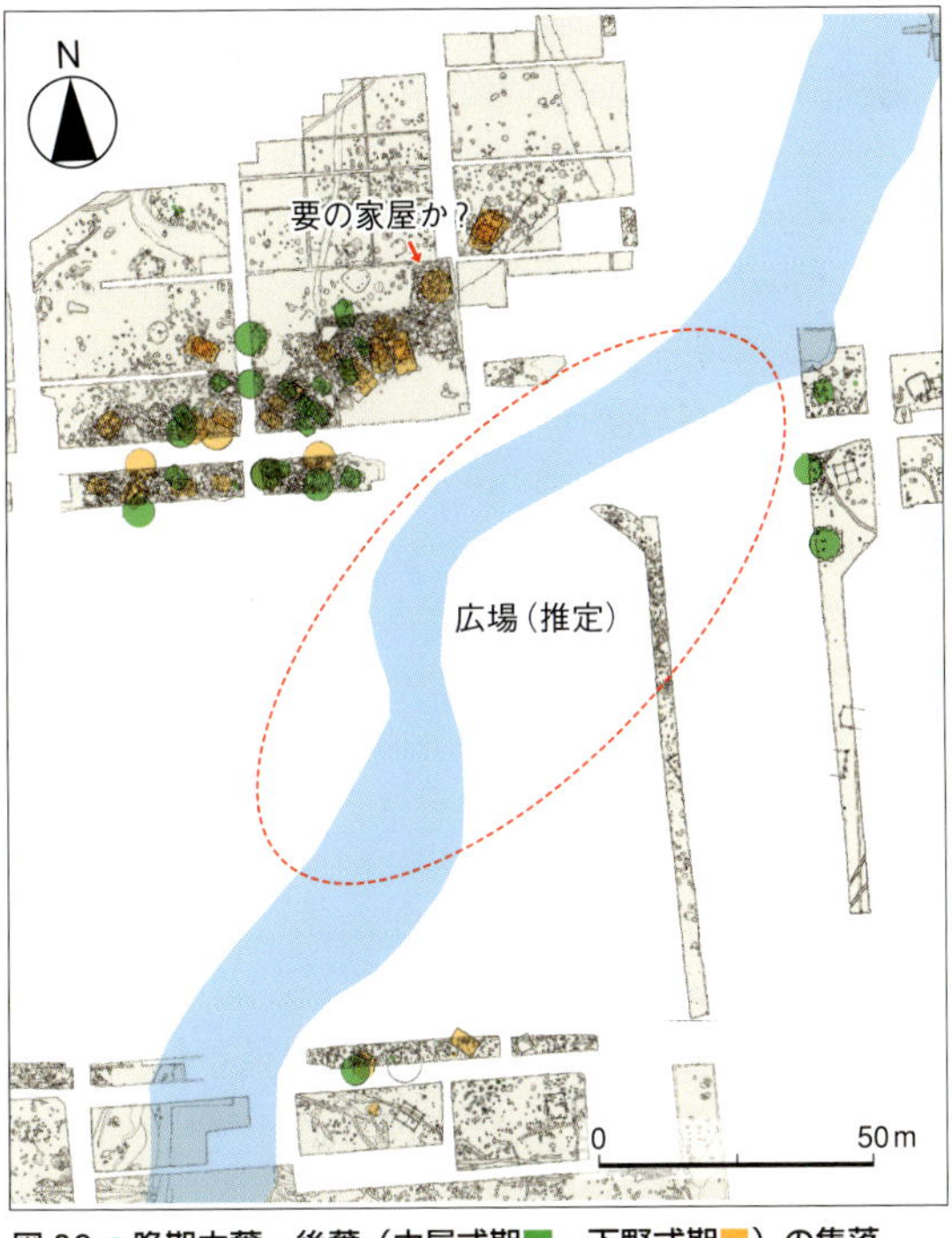

図39 ● 晩期中葉～後葉（中屋式期■～下野式期■）の集落
竪穴建物や石囲炉は確認されなくなり、平面形が円形・方形・亀甲形の3種類からなる建物で集落が構成される。建物群は後期からやや河川側に移って展開し、その内外に埋設土器が設置される。

ら一五メートルの範囲にひろがり、標高一〇メートル以下の土地ではおおむね沖積低地となっている。

この典型的な扇状地に人びとが暮らした最初の痕跡がみつかるのは扇状地扇端部で、金沢市で上安《かみやす》原《はら》遺跡（縄文前期後葉〜中期初頭）がみつかっている。その後も、中期中葉の古府遺跡や後葉の北塚遺跡など、中期の集落遺跡が近くに展開しているので、このあたりの表層地形が比較的古い時期に形成され、人びとの生活の基盤となっていたことがわかる。

そして後期の前・中葉になると、押野大塚遺跡、米泉遺跡、馬替《まがえ》遺跡、御経塚シンデン遺跡など、扇状地扇端部東側付近に集落遺跡があらわれはじめ、後葉には御経塚遺跡、チカモリ遺跡といった中心的な集落遺跡が形づくられることとなる。同じく後期後葉には、白山市北西の一塚遺跡が西側に分布する集落となるが、さらに西側でまとまりのある集落遺跡が確認される

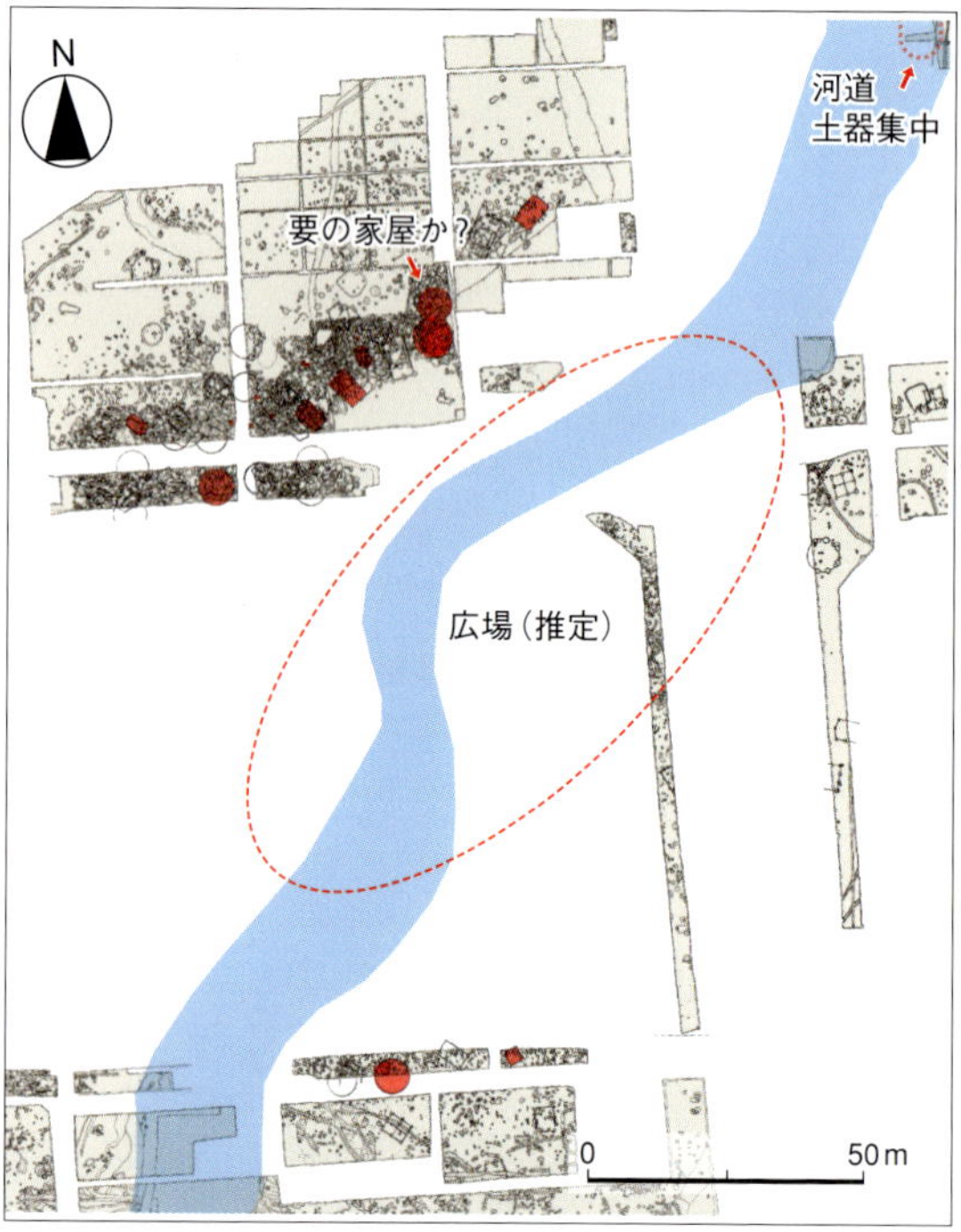

図 40 ● 晩期末葉（長竹期）の集落
当地における縄文時代の終末期であり、御経塚集落の終末期でもある。後期中葉の集落開始期からこの時期まで、建物の分布域が河川の近くであることや、建物の長軸、出入口などを河川側に向けることが多い点など、河川を意識しているのがわかる。

のは晩期もしくは弥生時代になってからなので、手取川扇状地では縄文時代中期以降に遺跡が東から西側へその分布域をひろげていく動きを示していることがわかる。

このことは、現在では能美丘陵に沿うようにして流れている手取川が、縄文時代のある時期には富樫山地寄りの扇状地東側を流れており、その後、徐々に西側へその本流の流路を変えていき、離水して安定した土地から順に人びとの生活の舞台となっていったことをあらわしているとみるべきであろう。ただ、米泉遺跡や御経塚シンデン遺跡、一塚遺跡、乾《いぬい》遺跡などいくつかの遺跡では、縄文時代の包含層と遺構検出面が現在の地表面よりも数十センチから一メートル以上の深い場所にあることが知られており、手取川やその支流の氾濫などにより、地中に埋没することも多かったようである。

一方、金沢平野北部（図41に示した範囲の左側にあたる）の沖積地でも、同様な状況がみうけられる。たとえば藤江C遺跡などでは、縄文晩期中屋式期以前の包含層が地中深くに埋まっている状況が確認されている（図42）。さらに富山県小矢部《おやべ》市の桜町遺跡では、土石流によって埋まったとみられる小河川が、晩期中葉から後葉前半の集落の遺構を削りとっている。このことは遺跡の埋没という現象が、手取川扇状地という局所的な地形単位にかぎらず、北陸西部というひろい地域的な動向としてとらえられることを示している。埋もれた遺跡のあり方もふまえれば、縄文時代の晩期から弥生時代前中期にかけて、洪水や土砂崩れなどをともなう豪雨や長雨などがたびたびあったことが推測できるのである。

平野での営み

縄文時代の後期から晩期にかけて、手取川扇状地での遺跡分布にはある特徴がみとめられる。代表的な集落遺跡である御経塚遺跡、チカモリ遺跡、米泉遺跡、中屋遺跡、中屋サワ遺跡などは、標高約七メートルから一五メートルの地点に帯状に分布し、一方、居住施設が確認されず、遺物のみあるいは土坑や小穴がみつかる程度の短期的な活動痕跡が残される遺跡は、沖積地や扇状地に散発的に分布する。

　これは、先に高堀氏の研究で確認したように、扇状地伏流水の湧水地点を集落の場所に選んだためとみてよいだろう。また、御経塚遺跡をはじめとしていくつかの集落遺跡では、

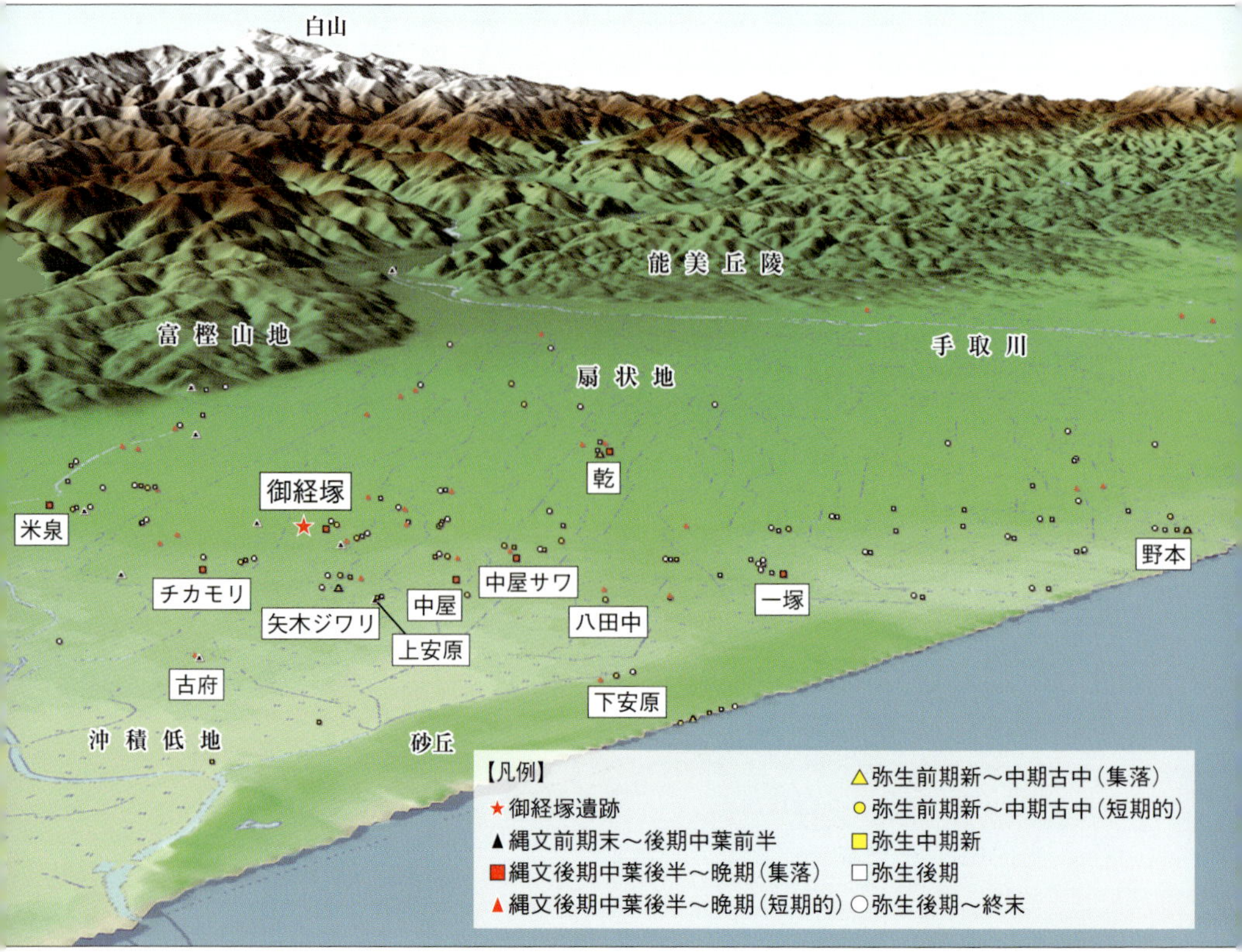

図41 ● 手取川扇状地の遺跡群

その内部や隣接して河川が存在していることも、立地上の重要な要素として指摘されている。こうした水との結びつきの強さは、当時の生業とも密接に関連していたとみるべきである。

たとえば、通常は遺跡にのこることの少ない植物種実などの有機質資料が水漬けの状態で保存されていた米泉遺跡では、トチ塚とよばれるトチの果皮を大量に廃棄した遺構がみつかっている。食料確保のなかで重要な部分を占めていたトチやクリなどの植物質食料は、虫出しや食用とするまでの下ごしらえの過程で水漬けや水さらしなどの工程を必要とすることから、河川や豊富な湧水が途切れることのない場所が求められたのであろう。

さらに御経塚遺跡では、切断痕のあるクジラ類の骨片やシカ、イノシシの骨、米泉遺跡ではサケの骨が出土している。漁撈・狩猟活動のうえでも、河川の近くに集落があることの利点があったことは容易に想像がつく。

平野で長期に営まれた遺跡群では、狩猟や漁撈、植物質食料の採取活動をおこなう領域を、扇状地や沖積地などのひろい平野と扇の骨のように張りめぐらされた河川によって結ばれた山や海に求めつつ、豊富な湧水による水の確保が

図 42 ● 洪水による厚い堆積がみえる藤江Ｃ遺跡の土層
①は晩期後葉の下野式期以降の遺物包含層。
②は後期〜晩期中葉の中屋式期までの包含層。
①と②の間には、洪水による堆積とみられるシルトから砂の層が厚く堆積している。

強く意識されており、そのことが当地における後・晩期集落の長期にわたる存続を可能とした立地の特徴であるということができる。

長期利用型の拠点的集落

御経塚遺跡では、縄文後期中葉から晩期終末までの土器があり、北陸西部地域で確認される各時期の器種や文様などもそろう。周辺にはチカモリ遺跡や中屋サワ遺跡など継続期間の長い遺跡があるが、そのなかでももっとも長期にわたり集落としての痕跡が残されているのが御経塚遺跡である。

西野秀和氏は米泉遺跡の報告書において、「金沢平野で発掘されている各遺跡では、盛期に微妙な時期差が見られる」と述べ、各遺跡で把握される土器型式にずれがあることを指摘した。この指摘は各集落がおのおの個別に存在していたのではなく、通時的には継続する関係にあったことを示したものとして重要な指摘といえる。

たとえば御経塚遺跡は、土器型式単位での遺跡消長をみると単独で継続するようにみえるが、より詳細にみれば、遺物量の薄い時期がある。またそのほかの遺跡でも、御経塚シンデン遺跡や米泉遺跡にはじまり、一塚遺跡、中屋サワ遺跡、中屋遺跡、長竹遺跡、乾遺跡というように、場所や時期をずらしながら集落が消長している状況がうかがえる。

この手取川の扇状地における縄文後期から晩期にかけての集落が、ある特定の集団の移動により形成されたのか、あるいは御経塚遺跡を母村として、出村的に周辺で集落を形成したのか、当時の社会を考えていくなかで解決していかなければならない問題である。

遺構をみると、御経塚遺跡の建物跡の変遷や時期による建物類型の構成などには、北陸西部における地域的な特徴がよくあらわれている。また、土器や石器、装身具、祭祀具などについても、ほかの遺跡でもみられるものの多くが御経塚遺跡でみられることは、とりもなおさず御経塚遺跡が当地域において重要な位置を占めていた集落であり、長期にわたって地域の中心となった集落であることを示している。手取川の扇状地を含む金沢平野において、御経塚遺跡が長期にわたり集落の機能を維持し、中心的な存在であったことは間違いない。

また、遺物にみる他地域との関係についても、東日本や西日本に分布する後・晩期土器群との関係が強弱を示しながらも継続するとともに、遠く九州地方とのかかわりを示す遺物が多いことは特筆される。

玉製品や底部圧痕からうかがわれる編布、石器組成や祭祀具、装身具の類似など、一遺跡としてはめずらしいくらいに多様な資料を有しており、これも御経塚遺跡の特徴の一つである。そうした資料に関する時期比定などを含めた検討は今後の課題だが、玉製品については、九州地方のみならず大陸との関係も指摘されている。遠古の東アジアにおける交流の一端を解く鍵が御経塚遺跡にもあるというのは心躍せずにはいられない。

4　縄文から弥生へ

縄文時代の終わりになぜ大形の建物が

縄文時代も終わりの晩期末に、御経塚遺跡やチカモリ遺跡、真脇遺跡などでは、なぜ大形の柱を用いた重厚な建物がつくられたのだろうか。

西野秀和氏は米泉遺跡の円形建物（環状木柱列）を仔細に検討し、あくまでも木柱列として集落内での祭祀に使用されたと推測する。小山修三《しゅうぞう》氏の述べる北米先住民のポトラッチ（大盤振る舞い）を例にひき、収穫祭の形をとった贈与・宴会として実施された行為の一環に環状木柱列があったとみる。木柱列ではなく居住施設とみる筆者らとは意見が異なるが、遺跡から出土した手がかりをもとに民族例も援用した解釈であり興味深い。

円形建物が大形化する晩期後葉は、九州では弥生時代早期にあたり、社会的に大きな変動を迎えていた。その後の弥生時代前期併行期に至る過程で、関西から東海地方についても弥生社会化が進んできていることに着目したのは山本直人氏である。

山本氏は北陸西部の大形化した円形建物（環状木柱列）は、西日本にひろがった弥生社会に対して、北陸の縄文社会が緊張感を高め、自らの紐帯《ちゅうたい》を高めるために構築したのではないかとする説を提示した。

これについては、弥生早期段階から西日本系の土器が断片的にではあるが北陸にも入ってきていることから、主とする生業が異なる社会の情報がもたらされていたことは確実である。またそれ以前にも、装身具に北陸と九州で共通のものが認められるなど遠隔地ながら地域間で認識を共有している部分もみうけられる。

自然環境の悪化と祭祀

そうした状況下で、長期にわたり北陸の縄文社会と西の弥生社会の間に「緊張感」が継続していたと想定するのは疑問だが、大形建物の構築が人びとの紐帯を高めたと理解するのは同意見である。加えて筆者としては、縄文時代後期後葉から弥生時代前期に地中深くに埋もれた遺跡が多くなることをふまえ、洪水などを引き起こすような豪雨が比較的多かったと想定できることに注目したい。そのころにおもに平野で集落を営む当地では、こうした自然環境の悪化は社会にどのような影響を与えることとなったのか。

その影響は生業面にもっとも顕著にあらわれたと思われる。先に、縄文晩期の北陸西部地域では、当時の列島内ではめずらしく打製石斧や磨石類が多く出土することから、根茎類やトチやクリなどをふくめた植物質食料の採取活動が生業において高い比率を占めていたことが推測されると述べた。豪雨や洪水は、扇状地や沖積地の地面を流しさり、あるいは埋めてしまい、利用可能な植物質食料の採取量を減少させたことは想像に難くない。

自然のもたらす恵みと脅威。この二面性に当時の縄文人たちはどのように対処したのであろうか。たとえば、北海道の先住民アイヌの熊祭りにみられる、この世と神の世を循環する神々とその仲立ちをする祭祀者の存在などから想起されるように、縄文時代の人びとや祭祀者も、精霊や神々からこの世に恵みがもたらされ、また脅威が去るのを願うため、祈りとともに捧《ささ》げものを超自然界へ贈ったのではないだろうか。

直接的な証拠はないものの、御経塚遺跡の旧河川右岸で出土した晩期末葉の多数の土器群（図43）や中屋サワ遺跡の河川から出土したおびただしい完形品や完形に近い土器、木製品の数々は、たんなる廃棄物というより、このような捧げものの的な意味合いでこそ理解できよう。

さらに想像をたくましくすれば、こうした捧げものと神々がもたらす恵みの循環のなかで、悪化していく自然環境から脱し、その恵みが豊かになることを願う人びとの思いのたかまりが、一面では指導者・祭祀者の住まう円形建物の重厚化をもたらしたと筆者は考えたいが、多分に想像に走りすぎの部分もあり、これもまた今後とも検討する課題としたい。

図43 ●縄文河川の遺物出土状況（晩期）
縄文時代の河川から土器が多数出土した。その多くはほぼ完形に復元されることから、たんなるゴミ捨場とは考えにくい。

御経塚縄文集落の終焉

環境の悪化についてつけ加えると、洪水と土砂の堆積などによる利用可能な植物質食料資源の減少が当地の縄文社会の衰退を導く一方で、おなじ洪水が沖積地に潟や三角洲、三日月湖などの湿地を形成し、水稲農耕に適した環境を生み出していた可能性も軽視できない。

手取川の扇状地における遺跡の移り変わりをみると、晩期後葉まで標高一〇メートル前後に展開していた御経塚遺跡をはじめとするチカモリ遺跡、米泉遺跡、中屋遺跡、中屋サワ遺跡などの主要な遺跡は、晩期末葉になると、御経塚遺跡とその周囲にまとまってしまい極端に数を減らす。と同時に、新たに標高のやや高い扇央部で長竹遺跡や乾遺跡が形成され、従来とは異なる立地に遺跡が形成される。

御経塚遺跡では、晩期末にモミ圧痕がつく土器が確認され、乾遺跡では、在地の土器に大形の壺形土器が登場しており、鈴木正博氏も述べるように、当地では乾遺跡の後半段階には水稲農耕を主要な生業とする弥生社会に変化しつつあるとみられている。そして弥生時代前期後半には、御経塚遺跡は地域の中心的な集落としての役割を終え、わずかに土器片が出土するのみとなったのである。

第5章　御経塚遺跡の今

史跡御経塚遺跡

一九七七年三月八日、多くの人びとの思いと努力が実り、御経塚遺跡は国指定史跡となった。縄文後期から晩期までの各時期の土器をはじめとして、土偶や石器、石製品などが豊富にそろい、また竪穴建物跡や土坑、配石、さらに甕棺などの墓域をともなう縄文集落のあり方が明らかになり、「北陸地方における縄文時代後期から晩期に営まれた代表的な集落遺跡として重要なものである」点が文部省（当時）告示での指定理由だ。

史跡指定地の面積は一万四八九七平方メートル。遺跡全体の推定面積約三万数千平方メートルの内、半分近くが史跡として保存されることがきまり、一九七九年から八二年の四年をかけて、指定地の全域が史跡公園として整備された（図9）。

史跡公園は、東側を「縄文集落復元区」と当時の植生を復元した「縄文の森」に、西側は広場として計画され、歴史学習の面で地域住民がさまざまな形で活用できる形態がとられている。

集落復元は第五次調査で検出した遺構密集区を対象として、実際の調査地点から南に九八メートル、西へ一〇メートル移動させて、史跡指定地に移動復元したもので、国指定史跡の遺構復元としてはめずらしいものとなっている。

復元建物は、縄文時代後期の代表的な建物例として、第一一号炉をともなう家屋を茅葺屋根の上屋をもつ竪穴建物として復元し、そのほかに推定されている竪穴建物跡一〇棟についてはブロックなどを用いて位置表示がなされた。また、土坑は、形態から単純にその性格を推し量ることはむずかしいが、ほぼ円形のものを貯蔵穴、方形のものを土坑墓として復元している。円形の土坑の一つには内部に石を炉状に組んだ特殊な遺構もあり、発掘当時の遺跡の状況を理解するうえでわかりやすい復元になっている。

膨大な出土遺物の収蔵には、史跡公園整備にともなって「野々市町埋蔵文化財収蔵庫」が建設された。収蔵庫は地下一階、地上二階の建物で、二階の展示室

図44 ●復元された縄文時代後期の竪穴建物

では御経塚遺跡出土の土器や石器などが展示された。展示されている土器は、縄文時代後期中葉から晩期末までの各時期各型式を網羅したもので、豊富な土偶や石製品などもあり、質・量ともに全国的にも有数の展示となっている。

また一九八三年には、収蔵庫に隣接して「野々市町ふるさと歴史館」が建設された。地下には遺物が収納され、一階は展示室、二階は出土品の収蔵および整理作業スペースである。考古資料を用いた弥生時代から中世にいたる時代ごとの展示は、野々市市の歴史を体系的に展示・解説しており、石川県内でも特に充実したものである。

緑の島で

現在の御経塚遺跡周辺では、市街地化の波が想像していたよりも速いスピードでひろがった。東隣は国道八号金沢バイパスが走り、北側には大規模ショッピングセンターが立ちならび、休日には渋滞もおこる賑わいがつづいている。

一九六〇年代に遺跡の消失を危ぶみ、保存にとりくんだ高堀勝喜氏には先見の明があったといわざるをえない。復元建物や縄文の森、多目的広場、ふるさと歴史館のある御経塚遺跡史跡公園は、周囲の喧騒が嘘のような静けさをたたえ、地域の住民に憩いの場を提供している。高堀氏とともに、石川考古学研究会会員や市村正規氏をはじめとする御経塚地区などの地元の人びと、そして当時の野々市町職員の身を削っての努力により、この小さな緑の島、御経塚遺跡が保存・活用されていることは、文化財保護の一つの記念碑として今後も伝えていかねばならないだろう。

近年もう一つ重要な出来事があった、御経塚遺跡から出土した北陸の縄文後・晩期を彩る豊富な出土遺物が二〇一〇年六月二九日、国指定重要文化財として告示された。出土遺物が地域の歴史を物語る代表的な文化財として指定を受けたことにより、これまで御経塚遺跡にかかわってきた多くの人びとの努力もさらにその輝きを増したといえるだろう。

地域にとって格好の歴史学習の場である御経塚遺跡には、現在でも年間約四〇〇〇人を超える人びとが訪れる。春の連休前後には周辺だけでなく、県内・県外を問わず多数の学校が来館し、熱心に土器をみたり、公園を駆けまわる子どもたちであふれてにぎやかとなる。

ここ数年、ふるさと歴史館で縄文土器づくりや野焼き体験が継続的におこなわれるようになった。お手本はもちろん、御経塚遺跡から出土した土器群である。御経塚の縄文人がつくった土器をみて、自らも土をこねて土器をつくり、薪を使って焼きあげることは、日頃手仕事をすることの少なくなった私たちにとっては、先人たちとの共感をえるめったにない機会であり、自らの来し方行く末に思いを馳せるロマン

図45●市村正則さん
「御経塚遺跡にはすてきな考古資料がそろってます。
ぜひ、おいでください」

あふれるひとときでもある。

御経塚遺跡で土器づくりの指導をしてくれるのは、御経塚遺跡発見のきっかけをつくった市村正則さんと、市村さんを慕う仲間たちである。市村さんは父親の市村正規さんにつづいて御経塚史跡公園ふるさと歴史館の管理人になった。土器づくりのほかにも、求めに応じて御経塚遺跡や縄文時代の解説もしてくれる。

御経塚遺跡でがんばる人びとには歴史を学ぶ者の郷土への愛着と誇りがあると思う。


御経塚遺跡に関する研究はこれまでに先学の多くの蓄積がある。本書でもそうした研究成果に学びつつ、筆者なりに御経塚遺跡の集落像に迫ろうと試みた。だが道のりは遠く、その責を果たすことができたとはいい難い。

御経塚遺跡の調査、報告書の作成、国指定などの事務については野々市市教育委員会の吉田淳氏がなされた仕事がその多くを占めており、とくに建物遺構の復元をおこない御経塚遺跡が縄文晩期の大規模集落遺跡であることをあらためて認識させてくれたことは大きな仕事である。ながらく御経塚遺跡にたずさわり地道な調査研究を進められている吉田淳氏に、あらためて敬意を表したい。

参考文献

石井　寛　一九八九　「縄文集落と掘立柱建物跡」『調査研究収録』第六冊

今村啓爾　一九八九　「群集貯蔵穴と打製石斧」『考古学と民族誌』渡辺仁教授古希記念論文集刊行会

大坪志子　二〇一〇　「縄文時代九州産石製装身具の波及」『先史学・考古学論究』Ⅴ　龍田考古会

加藤三千雄　一九九四　「石川県能都町真脇遺跡の巨木遺構」『考古学ジャーナル』377

河村好光　二〇一〇　『倭の玉器　玉つくりと倭国の時代』青木書店

木村勝彦・荒川隆史　二〇一二　「縄文時代晩期における環状木柱列の木柱の考古学・年輪年代学的分析」『石川考古学研究会々誌』第五五号

後藤信祐　一九八六　「縄文後晩の刀剣形石製品の研究（上）」『考古学研究』第三三巻第3号

高橋　哲　二〇〇六　「小杉遺跡出土擦切石器の使用痕観察」『加賀市小杉遺跡』（財）石川県埋蔵文化財センター

高田秀樹　二〇一一　「縄文時代晩期における祭祀的遺構の比較検討について」『石造物の研究』

高田秀樹　二〇一二　「真脇遺跡の縄文時代晩期の建物跡について」『石川考古学研究会々誌』五五号

高堀勝喜　一九六四　「金沢市近郊八日市新保並びに御経塚遺跡の調査」『石川県押野村史』

高堀勝喜・湯尻修平ほか　一九七六　『野々市町御経塚遺跡調査（第八次）概報』石川県教育委員会

高堀勝喜ほか　一九八三　『野々市町御経塚遺跡』野々市町教育委員会

勅使河原彰　一九八八　『日本考古学史　年表と解説』東京大学出版会

西野秀和　一九八九　『米泉遺跡』（財）石川県立埋蔵文化財センター

西野秀和　二〇〇七　「環状木柱列」『縄文時代の考古学』11　同成社

布尾和史　二〇〇三　「御経塚遺跡における建物跡の検討」『御経塚遺跡』Ⅲ　野々市町教育委員会

布尾和史　二〇一二　「北陸縄文時代晩期の建物跡について」『石川考古学研究会々誌』第五五号

橋本澄夫　一九八六　「私稿石川県の考古学史（一）（二）」『石川考古学研究会々誌』第二九、三〇号

橋本澄夫　一九九四　「環状木柱列と半截柱の発見」『考古学ジャーナル』377

橋本澄夫　一九九六　「高堀勝喜先生」『画龍点睛　山内先生没後二五年記念論集』

春成秀爾　二〇〇二　『縄文社会論究』塙書房

藤則雄・四柳嘉章　一九七〇「金沢の縄文晩期近岡遺跡からの稲の発見」『考古学研究』第一七巻第三号
藤田富士夫　一九九八「北陸と南北ヒスイ文化の交流」『縄文再発見』大巧社
前山精明　二〇〇二「青田遺跡の石器群」『川辺の縄文集落』新潟県教育委員会
南　久和　一九八三『金沢市新保本町チカモリ遺跡　遺構編』金沢市教育委員会ほか
向井裕知　二〇一二「チカモリ遺跡における縄文時代晩期の建物遺構とその年代」『石考研会誌』第五五号
山本直人　一九九三「縄文時代後・晩期の打製石斧による生産活動」『潮見浩先生退官記念論集』
山本直人　二〇〇九「環状木柱列からみた縄文時代晩期の地域社会」『名古屋大学文学部研究論集』
安　秀樹・布尾和史　二〇〇五「手取扇状地の遺跡動態」『中部弥生時代研究会』第一〇回要旨
吉岡康暢　一九七一「石川県下野遺跡の研究」『考古学雑誌』第五六巻第四号
吉田　淳　一九八九、二〇〇三、二〇〇九『御経塚遺跡』Ⅱ、Ⅲ、Ⅳ　野々市町教育委員会
吉田　淳　二〇一一『御経塚遺跡』野々市町教育委員会
渡辺　誠　一九九五「縄文宗教と食糧問題」『季刊考古学』第五〇号

写真提供（所蔵）

野々市市教育委員会：図1〜5・7・9・11〜25・30・36・38／国土地理院二〇万分の一地勢図「金沢」：図3（上）／谷内尾晋司：図6／市村正則：図8／金沢市教育委員会：図26／石川県教育委員会：図42・43

図の出典（一部改変）

吉田二〇〇三：図10・34・35・37・39・40／南一九八三：図29／南一九八三（吉田・布尾・向井原図）：図33

右記以外は著者（図41はカシミール3Dにて作成）

協力者

市村正則、高本　実、西野秀和、高田秀樹、勅使河原彰、向井裕知、谷内尾晋司、吉田淳、野々市市教育委員会、金沢市埋蔵文化財センター、布尾幸恵

野々市市ふるさと歴史館

- 石川県野々市市御経塚1丁目182番地
- 電話　076（246）0133
- 開館時間　10時から16時まで
- 休館日　月曜日（祝日の場合は翌日）、祝日の翌日（土・日は除く）、年末年始
- 入館料　無料
- 交通　JR野々市駅から徒歩7分、北鉄バス上荒屋住宅線「御経塚中」下車徒歩3分

御経塚遺跡から出土した土器、土偶、玉類、祭祀具など国指定重要文化財が多数展示されている。土器型式ごとに配列された縄文時代後期から晩期の土器群は圧巻。

野々市市内で発掘調査された弥生時代から近世にいたる考古資料も豊富に展示されている。

史跡御経塚遺跡公園に面しており、公園内には復元された竪穴建物や縄文の森などがある。

刊行にあたって

「遺跡には感動がある」。これが本企画のキーワードです。

あらためていうまでもなく、専門の研究者にとっては遺跡の発掘こそ考古学の基礎をなす基本的な手段です。また、はじめて考古学を学ぶ若い学生や一般の人びとにとって「遺跡は教室」です。

日本考古学では、もうかなり長期間にわたって、発掘・発見ブームが続いています。そして、毎年厖大な数の発掘調査報告書が、主として開発のための事前発掘を担当する埋蔵文化財行政機関や地方自治体などによって刊行されています。そこには専門研究者でさえ完全には把握できないほどの情報や記録が満ちあふれています。しかし、その遺跡の発掘によってどんな学問的成果が得られたのか、その遺跡やそこから出た文化財が古い時代の歴史を知るためにいかなる意義をもつのかなどといった点を、莫大な記述・記録の中から読みとることははなはだ困難です。ましてや、考古学に関心をもつ一般の社会人にとっては、刊行部数が少なく、数があっても高価なその報告書を手にすることすら、ほとんど困難といってよい状況です。

いま日本考古学は過多ともいえる資料と情報量の中で、考古学とはどんな学問か、また遺跡の発掘から何を求め、何を明らかにすべきかといった「哲学」と「指針」が必要な時期にいたっていると認識します。

本企画は「遺跡には感動がある」をキーワードとして、発掘の原点から考古学の本質を問い続ける試みとして、日本考古学が存続する限り、永く継続すべき企画と決意しています。いまや、考古学にすべての人びとの感動を引きつけることが、日本考古学の存立基盤を固めるために、欠かせない努力目標の一つです。必ずや研究者のみならず、多くの市民の共感をいただけるものと信じて疑いません。

監　修　戸沢　充則

編集委員　勅使河原彰　小野　昭　小野　正敏　石川日出志　小澤　毅　佐々木憲一

著者紹介

布尾和史（ぬのお・かずふみ）

1970年生まれ。明治大学文学部史学地理学科考古学専攻卒業。財団法人石川県埋蔵文化財センター、野々市町（現、野々市市）教育委員会文化課などで勤務。現在、石川考古学研究会会員。
専門　日本考古学、北陸の縄文時代
主な著作　『能美丘陵東遺跡群　Ⅳ』（共著）、「石川県・福井県における縄文時代集落の諸様相」『列島における縄文時代集落の諸様相』（共著）、『金沢市藤江Ｃ遺跡』（共著）、『御経塚遺跡』Ⅲ（共著）、「北陸縄文時代晩期の建物跡について―建物類型と集落跡における建物類型の構成―」『石川考古学研究会々誌』55

シリーズ「遺跡を学ぶ」087
北陸の縄文世界・御経塚《おきょうづか》遺跡

2013年 4月10日　第1版第1刷発行

著　者＝布尾和史

発行者＝株式会社 新 泉 社
東京都文京区本郷2-5-12
振替・00170-4-160936番　TEL03(3815)1662／FAX03(3815)1422
印刷／萩原印刷　製本／榎本製本

ISBN978-4-7877-1237-0　C1021

シリーズ「遺跡を学ぶ」

A5判／96頁／定価各1500円＋税

◉第Ⅰ期（全31冊完結・セット函入46500円＋税）

01 北辺の海の民・モヨロ貝塚　米村衛
02 天下布武の城・安土城　木戸雅寿
03 古墳時代の地域社会復元・三ツ寺Ⅰ遺跡　若狭徹
04 原始集落を掘る・尖石遺跡　勅使河原彰
05 世界をリードした磁器窯・肥前窯　大橋康二
06 五千年におよぶムラ・平出遺跡　小林康男
07 豊饒の海の縄文文化・曽畑貝塚　木﨑康弘
08 未盗掘石室の発見・雪野山古墳　佐々木憲一
09 氷河期を生き抜いた狩人・矢出川遺跡　堤隆
10 描かれた黄泉の世界・王塚古墳　柳沢一男
11 江戸のミクロコスモス・加賀藩江戸屋敷　追川吉生
12 北の黒曜石の道・白滝遺跡群　木村英明
13 古代祭祀とシルクロードの終着地・沖ノ島　弓場紀知
14 黒潮を渡った黒曜石・見高段間遺跡　池谷信之
15 縄文のイエとムラの風景・御所野遺跡　高田和徳
16 鉄剣銘一一五文字の謎に迫る・埼玉古墳群　高橋一夫
17 石にこめた縄文人の祈り・大湯環状列石　秋元信夫
18 土器製塩の島・喜兵衛島製塩遺跡と古墳　近藤義郎
19 縄文の社会構造をのぞく・姥山貝塚　堀越正行
20 大仏造立の都・紫香楽宮　小笠原好彦
21 律令国家の対蝦夷政策・相馬の製鉄遺跡群　飯村均
22 筑紫政権からヤマト政権へ・豊前石塚山古墳　長嶺正秀
23 弥生実年代と都市論のゆくえ・池上曽根遺跡　秋山浩三
24 最古の王墓・吉武高木遺跡　常松幹雄
25 石槍革命・八風山遺跡群　須藤隆司
26 大和葛城の大古墳群・馬見古墳群　河上邦彦
27 南九州に栄えた縄文文化・上野原遺跡　新東晃一
28 泉北丘陵に広がる須恵器窯・陶邑遺跡群　中村浩
29 東北古墳研究の原点・会津大塚山古墳　辻秀人
30 赤城山麓の三万年前のムラ・下触牛伏遺跡　小菅将夫
別01 黒耀石の原産地を探る・鷹山遺跡群　黒耀石体験ミュージアム

◉第Ⅱ期（全20冊完結・セット函入30000円＋税）

31 日本考古学の原点・大森貝塚　加藤緑
32 斑鳩に眠る二人の貴公子・藤ノ木古墳　前園実知雄
33 聖なる水の祀りと古代王権・天白磐座遺跡　辰巳和弘
34 吉備の弥生大首長墓・楯築弥生墳丘墓　福本明
35 最初の巨大古墳・箸墓古墳　清水眞一
36 中国山地の縄文文化・帝釈峡遺跡群　河瀬正利
37 縄文文化の起源をさぐる・小瀬ヶ沢・室谷洞窟　小熊博史
38 世界航路へ誘う港市・長崎・平戸　川口洋平
39 武田軍団を支えた甲州金・湯之奥金山　谷口一夫
40 中世瀬戸内の港町・草戸千軒町遺跡　鈴木康之
41 松島湾の縄文カレンダー・里浜貝塚　会田容弘
42 地域考古学の原点・月の輪古墳　近藤義郎・中村常定
43 天下統一の城・大坂城　中村博司
44 東山道の峠の祭祀・神坂峠遺跡　市澤英利
45 霞ヶ浦の縄文景観・陸平貝塚　中村哲也
46 律令体制を支えた地方官衙・弥勒寺遺跡群　田中弘志
47 戦争遺跡の発掘・陸軍前橋飛行場　菊池実
48 最古の農村・板付遺跡　山崎純男
49 ヤマトの王墓・桜井茶臼山古墳・メスリ山古墳　千賀久
50 「弥生時代」の発見・弥生町遺跡　石川日出志

◉第Ⅲ期（全26冊完結・セット函入39000円＋税）

51 邪馬台国の候補地・纒向遺跡　石野博信
52 鎮護国家の大伽藍・武蔵国分寺　福田信夫
53 古代出雲の原像をさぐる・加茂岩倉遺跡　田中義昭
54 縄文人を描いた土器・和台遺跡　新井達哉
55 古墳時代のシンボル・仁徳陵古墳　一瀬和夫
56 大友宗麟の戦国都市・豊後府内　玉永光洋・坂本嘉弘
57 東京下町に眠る戦国の城・葛西城　谷口榮
58 伊勢神宮に仕える皇女・斎宮跡　駒田利治
59 武蔵野に残る旧石器人の足跡・砂川遺跡　野口淳
60 南国土佐から問う弥生時代像・田村遺跡　出原恵三
61 中世日本最大の貿易都市・博多遺跡群　大庭康時
62 縄文の漆の里・下宅部遺跡　千葉敏朗
63 東国大豪族の威勢・大室古墳群〔群馬〕　前原豊
64 新しい旧石器研究の出発点・野川遺跡　小田静夫
65 旧石器人の遊動と植民・恩原遺跡群　稲田孝司
66 古代東北統治の拠点・多賀城　進藤秋輝
67 藤原仲麻呂がつくった壮麗な国庁・近江国府　平井美典
68 列島始原の人類に迫る熊本の石器・沈目遺跡　木﨑康弘
69 奈良時代からつづく信濃の村・吉田川西遺跡　原明芳
70 縄紋文化のはじまり・上黒岩岩陰遺跡　小林謙一
71 国宝土偶「縄文ビーナス」の誕生・棚畑遺跡　鵜飼幸雄
72 鎌倉幕府草創の地・伊豆韮山の中世遺跡群　池谷初恵
73 東日本最大級の埴輪工房・生出塚埴輪窯　高田大輔
74 北の縄文人の祭儀場・キウス周堤墓群　大谷敏三
75 浅間山大噴火の爪痕・天明三年浅間災害遺跡　関俊明
別02 ビジュアル版 旧石器時代ガイドブック　堤隆

◉第Ⅳ期　好評刊行中

76 遠の朝廷・大宰府　杉原敏之
77 よみがえる大王墓・今城塚古墳　森田克行
78 信州の縄文早期の世界・栃原岩陰遺跡　藤森英二
79 葛城の王都・南郷遺跡群　坂靖・青柳泰介
80 房総の縄文大貝塚・西広貝塚　忍澤成視
81 前期古墳解明への道標・紫金山古墳　阪口英毅
82 古代東国仏教の中心寺院・下野薬師寺　須田勉
83 北の縄文鉱山・上岩川遺跡群　吉川耕太郎
84 斉明天皇の石湯行宮か・久米官衙遺跡群　橋本雄一
85 奇異荘厳の白鳳寺院・山田寺　箱崎和久
86 京都盆地の縄文世界・北白川遺跡群　千葉豊
87 北陸の縄文世界・御経塚遺跡　布尾和史
88 東西弥生文化の結節点・朝日遺跡　原田幹
別03 ビジュアル版 縄文時代ガイドブック　勅使河原彰